valencia

© **2007, TRIANGLE POSTALS, SL**

Fotografías **RICARD PLA:** 4, 6, 7, 9, 14, 15, 16, 17, 18, 19, 23, 24, 26, 30, 31, 32, 33, 34, 38, 40, 41, 42, 44, 45, 46, 47, 52, 53, 54, 55, 56, 57, 58, 60, 62, 63, 64, 65, 66, 69, 70, 71, 72, 73, 74, 75, 77, 78, 79, 80, 82, 83, 84, 86, 87, 90, 91, 92, 95b, 97, 98, 99, 100, 101, 102, 104, 105, 106, 107, 108, 109, 110, 113, 114, 119, 120a, 122, 123, 124, 125, 126, 127, 128, 130, 132, 134, 135, 136, 138, 139, 142, 146, 148, 149, 150, 151, 152, 153, 154, 155, 157, 160, 161, 162, 163, 165, 179, 180, 181, 187, 193, 198, 201, 204, 205b, 205c, 205d, 207a, 214 **LUCAS VALLECILLOS:** 12, 22, 36, 49, 81a, 81c, 81d, 88, 89, 96, 145, 167, 169, 171, 173, 177a, 189, 190b, 190c, 227, 228a, 229, 232, 234a, 238 **JOAN M. LINARES:** 21, 25, 28, 37, 48, 50, 59, 68, 94, 112, 115, 116, 137, 140, 141, 168, 183, 203, 205a, 209, 216 **LAIA MORENO:** 20, 29, 51, 81b, 95a, 147, 226, 228b, 231, 234b, 237, solapa. **JAVIER YAYA:** 185, 186, 188, 190a, 191, 192, 194, 195, 196 **MATEO GAMÓN:** 27, 67, 202, 207b, 221, 222, 223 **NICOLAS RANDALL:** 143, 174, 175, 177b **PERE VIVAS:** 76, 118, 120b, 121 **JORDI PUIG:** 103 **MIGUEL RAURICH:** 172 **JAUME SERRAT:** 159 **TINO SORIANO:** 233 **RAFA PÉREZ:** portada

Texto **JAIME MILLÁS**

Diseño **JOAN BARJAU**

Impresión **NG NIVELL GRÀFIC**

Depósito Legal B-29436-2007

ISBN 978-84-8478-193-6

Agradecimientos a: AYUNTAMIENTO DE VALENCIA • IVAM, INSTITUT VALENCIÀ D'ART MODERN • MUVIM, MUSEU VALENCIÀ DE LA IL·LUSTRACIÓ I DE LA MODERNITAT • MUSEO NACIONAL DE CERÁMICA Y DE LAS ARTES SUNTUARIAS "GONZÁLEZ MARTÍ" • JARDÍ BOTÀNIC DE LA UNIVERSITAT DE VALÈNCIA • CIUDAD DE LAS ARTES Y LAS CIENCIAS

TRIANGLE POSTALS, SL
Carrer Pere Tudurí, 8 • 07710 Sant Lluís, Menorca
Tel. +34 971 150 451 / +34 932 187 7 37 • Fax +34 971 151 836
www.trianglepostals.com

valencia

Texto
JAIME MILLÁS

Fotografías
RICARD PLA | LUCAS VALLECILLOS | JOAN M. LINARES | LAIA MORENO
JAVIER YAYA | MATEO GAMÓN | NICOLAS RANDALL | PERE VIVAS | JORDI PUIG
MIGUEL RAURICH | JAUME SERRAT | TINO SORIANO | RAFA PÉREZ

TRIANGLE ▼ POSTALS

La desgracia de una trágica riada en octubre de 1957, provocada por el desbordamiento de las aguas del río Turia a su paso por la ciudad, hundió de nuevo a la ciudad en un obligado letargo. Pero ya se sabe que de la desgracia colectiva siempre surge la fuerza para superarla. Con el llamado Plan Sur el río se sacó de la ciudad para que nunca más la destruyera y se decidió que en su lecho nacerían árboles, flores y campos deportivos.

Precisamente en ese antiguo cauce está creciendo la ciudad del nuevo milenio. La Ciudad de las Artes y las Ciencias participa de ese renovado reto de apuntar a Valencia en la estela mundial de las grandes obras urbanas diseñadas por el valenciano Santiago Calatrava, arquitecto que adquirió su primera formación académica en esta ciudad. Asimismo esta capital ha realizado una clara apuesta por ser una urbe de oportunidades para los investigadores más innovadores que están revolucionando el campo de la biomedicina.

Resultado de esta historia, Valencia constituye una población abierta, mediterránea, cosmopolita, integrada por escenarios adecuados a cada época, marcada por espacios de estilos muy distintos incluso a veces contrapuestos. El visitante tiene oportunidad al recorrer esta ciudad de evocar y conocer momentos culturales muy diferentes, y entender que la vida de una ciudad se escribe a partir de sus desafíos más ilustres y también de sus miserias inconfesables. La imagen cambiante de esta urbe ha hecho que en los últimos años se haya sustituido la imagen de su postal más tradicional. Si años atrás fue la torre gótica del Miguelete, hoy por el contrario es la monumental ciudad de ocio y ciencia construida por Calatrava.

Ciudad de las Artes y las Ciencias

EL corazón
DE VALENCIA

Cuando los primeros viajeros extranjeros descubrieron Valencia en el XVIII la dibujaron como urbe de puentes y campanarios, como ciudad de huertos, jardines, palacios, iglesias y conventos. El francés Victor Hugo la soñó con cien campanarios. Desde el Miguelete, se vigilaba el horizonte del mar en la lejanía. El perfil almenado ofrecía una ciudad segura al viajero, rodeada en su exterior por alquerías y casas de labranza que explotaban la agricultura con el agua de las acequias.

Ese centro histórico, escondido tras las almenas, auténtico corazón de la ciudad, se presenta ahora al visitante contemporáneo agrupado en seis barrios que conservan los latidos más auténticos de la ciudad. Este espacio circular, rodeado por el itinerario que recorre el autobús de circunvalación interior número 5, es uno de los más grandes que perviven en ciudades europeas como testimonio de una trama urbana que sigue activa después de casi dos milenios de existencia.

Lo más antiguo y espectacular, el escenario institucional del poder divino y el poder terrenal se representa en el barrio de La Seu, zona que se proyecta hacia Xerea, recinto del barrio judío y arrabales árabes. El pulso vital de esta Valencia intramuros sigue en la zona del Mercat, donde el comercio gótico y el mercado modernista se sitúan frente a frente. Sant Francesc era el nombre del espacioso recinto conventual que ahora ocupa el Ayuntamiento y su entorno. La ciudad antigua esponjó su trama urbana hacia el sur, cuando se desecó el brazo de río que la envolvía, abriéndose camino entre huertos y edificios afectados por la desamortización. Los oficios artesanos y las clases más populares crecieron en las barriadas del Carme y Velluters, en edificios estrechos y angostos, que en muchos casos no han superado el paso del tiempo. Estos cinco nombres resumen el marco urbano por el que nos vamos a mover en las próximas páginas.

El centro gótico seduce al paseante tanto de noche como de día

El núcleo histórico mantiene viva la estética de la vida de barrio

La monumentalidad del Miguelete destaca entre calles estrechas y balcones que casi se tocan

♦ *La buena artesanía permanece colgada en las puertas de las casas nobles*

🔹 *La antigua farmacia de la calle Caballeros transformada en terraza de copas nocturnas*

Las murallas

Durante ocho siglos, entre el xi y mediados del xix, Valencia siempre estuvo protegida por una muralla. Si el visitante coge el autobús de la línea 5 realizará el recorrido circular de la vieja muralla. La imagen simbólica del centro histórico, llamado Ciutat Vella, está marcada por varios círculos concéntricos cuyo eje central es el Miguelete y los extremos de los ejes radiales las cruces de término situadas en los principales caminos.

Hoy sólo permanecen en pie testimonios parciales de esta gran obra civil que construyó la Fábrica de Murs e Valls con los ingresos del comercio del trigo. De la robusta muralla árabe que construyó el rey de taifas Abd al-Aziz queda como testimonio el Portal de Valldigna, en la calle del mismo nombre, y restos del muro y torre en calles adyacentes.

El rey Pedro iv el Ceremonioso decidió en torno a 1356 integrar los arrabales con un nuevo trazado de la muralla que triplicó la superficie árabe. Estaba preparando la gran ciudad cristiana que vivió su siglo de oro en la siguiente centuria. Sus diferentes entradas estaban protegidas por numerosas torres y portales, que de noche dejaban la ciudad incomunicada con el exterior.

El portal de Valldigna formaba parte de la desaparecida muralla árabe

Acceso al barrio del
Carmen por las Torres
de Quart

Las Torres de Quart
conservan los impactos de
la artillería francesa produ-
cidos en 1808

La puerta principal fue las Torres de Serranos, cuya calidad artística la convierte casi en un arco de triunfo. Los viajeros de Cataluña y Aragón llegaban por este camino. Pere Balaguer las levantó en 1391 siguiendo el modelo del monasterio de Poblet. Las salas superiores sirvieron de cárcel de nobles. En la guerra española de 1936 sirvieron de almacén del patrimonio artístico español retira-do de Madrid por el asedio franquista. Otro gran testimonio de la vieja muralla son las Torres de Quart, parecidas a la puerta de Castel Nuovo de Nápoles. El maestro Pere Bofill las levantó en 1444. En sus muros se conservan los boquetes abiertos por los obuses franceses en 1808.

◖ *Las gárgolas góticas esconden un mundo lleno de misterios*

25 ♦ *Las Torres de Serranos, mirando al norte, eran la entrada más elegante a la ciudad medieval*

Palau de la Generalitat

Edificio gótico de notable atractivo también fue construido durante largo tiempo.
Se comenzó en 1418 y concluyó en 1952.
La parte más antigua es la torre que da a la plaza de la Virgen y su cuerpo central, y la más reciente es la otra torre construida en el siglo XX a imitación de la original para ampliar el edificio.

Como sede oficial del gobierno de la Comunidad Valenciana, el Palau representa en el tiempo la continuidad de la historia foral que se inició en el siglo XIII con la creación del Reino de Valencia y la designación de esta ciudad por parte del rey aragonés Jaime I como capital política y administrativa de ese reino. Por eso en el Salón de Cortes que se visita, debajo de una preciosa galería de madera, están inmortalizados en grandes pinturas los diferentes representantes territoriales del poder político en las Cortes forales de la Edad Media.
En el entresuelo se encuentra el lujoso Salón Dorado, espacio donde tienen lugar las recepciones oficiales del Presidente de la Generalitat.
El patio y escalera góticos son una genial creación del maestro Pere Compte, el más popular de la época.

El Salón de Cortes evoca a los personajes ciudadanos que practicaron la democracia foral en el antiguo Reino de Valencia

La torre más moderna del Palau acoge los despachos del Presidente de la Generalitat

En el Palau se celebran los actos protocolarios más destacados de la vida política valenciana

Los jardines del Palau esconden los restos arqueológicos del derribado ayuntamiento medieval

La presencia del Gobierno valenciano y de otras instituciones políticas en edificios antiguos de la calle Caballeros da notoriedad social al centro histórico

PLAZA DE LA VIRGEN

El agua constituye uno de los elementos definitorios de esta plaza peatonal, la que conserva más historia y tradición. También la brillante representación del poder institucional y del poder religioso define la solemnidad de este espacio urbano.

A la sombra del Miguelete dos grandes monumentos, la Catedral con su fachada gótica y la Basílica de la Virgen de los Desamparados, donde se honra a la patrona de la ciudad, siguen alimentando la tradición religiosa y representan una época en que la importancia de la ciudad se juzgaba a partir de la majestuosidad de sus iglesias principales.

Frente a los templos, el Palau de la Generalitat representa el primer poder político autónomo, por ser Valencia la capital administrativa de la Comunidad Valenciana. Esta joya de la arquitectura gótica conserva bajo el pequeño jardín que da a la plaza los restos del antiguo ayuntamiento de la ciudad medieval.

Cada jueves a mediodía, en la puerta de la catedral, el Tribunal de las Aguas creado en el siglo X en tiempo de los árabes dicta sentencia sin escribir en papeles y guiado por el buen juicio de las normas consuetudinarias aplicado a los conflictos huertanos generados por el uso del agua. Los representantes de las diferentes acequias de la huerta valenciana integran el tribunal. Entretanto, suena el agua de la gran fuente que representa el agua del Turia y las acequias que le aportaban caudal.

*Fuente homenaje al río
Turia y las acequias que
riegan la huerta valenciana*

La plaza de la Virgen es una caja de sorpresas, que escenifica el gusto de los valencianos de vivir en la calle a cualquier hora del día y en cualquier época del año

*El Miguelete es el mirador
privilegiado para reconocer
la ciudad medieval*

Esta plaza es una auténtica ágora medieval, que reúne a los poderes civil y eclesiástico en un mismo espacio

La plaza de la Virgen acoge las tradiciones más populares del calendario festivo de la ciudad

LA
JUNTA
CENTRAL
FALLERA
EN CONMEMORACION DEL 25
ANIVERSARIO DE LA OFRENDA
DE FLORES
→+←
CAPELLAN MAYOR
D. EMILIO APARICIO OLMOS

*Cerámica popular
de la Virgen de los
Desamparados, patrona
de Valencia*

*La devoción popular
mantiene viva y activa la
tradición mariológica*

*Panorámica de la plaza de
la Virgen y de las terrazas
y cimborio de la Catedral,
desde la torre del Miguelete,
a 60 metros de altura*

La catedral

Templo gótico, integrado por tres amplias naves, con un crucero cubierto por un cimborio monumental y con ábside poligonal adornado con capillas, comenzó a construirse en el siglo XIII, cuando era obispo fray Andrés Albalat, y no se concluyó hasta los primeros años del XVIII. Por tanto ha tenido oportunidad de recoger también elementos arquitectónicos del románico, barroco y neoclásico. Incluso ha habido intervenciones en el siglo XX para eliminar su recubrimiento neoclásico.

Esa historia de mezcla e integración de estilos, muy representativa de la manera de construir en Valencia, se ejemplifica en sus tres principales portadas. La puerta del Palau corresponde a un románico arcaico, típico de la Corona de Aragón, que se constata en los templos de Lérida y Tarragona. La portada incluye la representación de siete parejas, posiblemente siete matrimonios de repobladores formados por soldados del rey Jaime I y doncellas leridanas. La puerta gótica de los Apóstoles se abría frente al antiguo ayuntamiento y acoge la celebración del Tribunal de las Aguas. Un gigantesco rosetón con vidriera en forma de estrella salomónica da entrada de luz al templo. La tercera puerta, barroca, situada a los pies de la nave central, se descubría antiguamente al final de una estrecha calle, por lo que obligó al arquitecto a usar formas curvas para mostrar lo máximo en el menor espacio. Ahora toda esta fachada del templo y la puerta de los Hierros se admiran desde una amplia plaza.

Puerta lateral del Palau,
la más antigua y austera
del conjunto catedralicio

La portada de estilo románico primitivo representa figuras de cristianos que repoblaron la conquistada taifa valenciana

El espectacular cimborio de
la Catedral proyecta sobre
el altar mayor la luz del día

En la puerta gótica de los
Apóstoles, cada jueves se
reune a las doce el Tribunal
de las Aguas

Detalle de la fachada gótica
de la Catedral

El rosetón transforma la luz
en rayos de mil colores

*Pasadizo que comunica
la Catedral con el palacio
Arzobispal*

*El cimborio es una de las
piezas más espectaculares
del templo*

La falta de espacio obligó a trazar la fachada con líneas cóncavas y convexas

La portada barroca, obra del escultor Vergara y del arquitecto Conrado Rodulfo, representa la Asunción de la Virgen

Los doce apóstoles de la portada gótica contemplan el permanente trasiego de paseantes y turistas

El Miguelete nació como torre campanario ajena al primitivo templo. Lo mismo sucedió con el Aula Capitular, que conserva, según la tradición, el Santo Cáliz, el Santo Grial de la última cena. La torre gótica de casi 60 metros y con una escalera circular de 207 escalones y una docena de grandes campanas ha sido durante muchos años el emblema de la ciudad.

A través de amplias ventanas en forma de ojiva se difunde con nitidez el sonido de la docena de campanas, la más pesada tiene once mil kilos de metal fundido. Merece la pena subir por su escalera de caracol para contemplar la parte antigua de la ciudad. Hay un gremio de campaneros, que a menudo los domingos organiza toques especiales para mantener viva esa tradición.

PLAZA DE LA REINA

La expresión esencial a la que nos tenía acostumbrado el escritor Juan Gil-Albert no dudó en calificar esta plaza del siguiente modo: "el Miguelete está en Valencia, la torre de Santa Catalina es Valencia". Esa diferencia entre estar y ser marca la distancia entre la solidez del gótico y la vocación aérea del barroco.

La iglesia de Santa Catalina, situada en una de las entradas al barrio del Mercat, ocupa una planta de estilo gótico, pero su torre fue construida bastante más tarde por Juan Bautista Viñes a finales del siglo XVII, bajo el dictado artístico del barroco, buscando una adaptación ligera de la planta hexagonal del Miguelete de menor altura y con muros más estrechos. Es como la hermana pequeña, que comenzó imitando a la mayor y acabó su adolescencia modelando una personalidad muy diferente.

La plaza de la Reina es semipeatonal y se formó después de derribar numerosas calles y casas antiguas que encerraban a la Catedral por su fachada meridional. La plaza ofrece bares con terraza donde saciar la sed disfrutando del sol y la luz mediterráneos y también horchaterías y chocolaterías típicas.

La torre barroca de Santa Catalina es la hermana pequeña del campanario gótico del Miguelete

60   *Panorámica de la plaza de la Reina y de la iglesia de Santa Catalina desde lo alto del Miguelete*

La reciente restauración de Santa Catalina le ha devuelto el esplendor arquitectónico del gótico

63 ◗ *Detalle exterior del templo*

La chocolatería de Santa Catalina es parada obligada en la ruta del centro histórico, para degustar horchata con "fartons" y chocolate con buñuelos

La Lonja

Declarado Patrimonio de la Humanidad por la UNESCO en 1996, este edificio pasa por ser uno de los más bellos del gótico civil mediterráneo. Situado en el centro de la barriada medieval de los mercaderes fue construido como si se tratara de una catedral, pero con la diferencia esencial de que su uso iba a ser laico y terrenal. Entre sus muros se promovieron la contratación mercantil y la administración de justicia en los pleitos marítimos. La burguesía incipiente, la sociedad civil financió su construcción.

Construida por Pere Compte a partir de 1483, dispone de tres cuerpos con usos diferentes: el salón columnario como espacio de contratación, el torreón central usado como cárcel para saldar delitos comerciales y el edificio del Consolat del Mar para el tribunal que administraba la justicia marítima. También tuvo aquí su sede la Taula de Canvis i Depòsits, el primer banco de la época destinado a financiar el comercio.

La altura superior a los 17 metros de la sala principal permite que las 24 columnas helicoidales se abran al llegar a la bóveda como si fueran palmeras. La parte alta de los muros está ornamentada con una larga inscripción latina en la que destaca la bondad de la actividad comercial y reconoce que acumular riqueza no es incompatible con ganar la vida eterna.

La Lonja constituye un homenaje arquitectónico a la actividad del comercio y las finanzas

♦ *Este edificio acogió la sede del primer banco comercial*

El arquitecto realizó su brillante trabajo guiado por notables simbolismos. Sus mensajes secretos aparecen reflejados en las gárgolas y otros elementos ornamentales.

Por el jardín interior se accede por una escalera al Consolat del Mar, caracterizado por un marcado estilo renacentista en su fachada. Conserva el precioso artesonado tallado y policromado que lucía el antiguo ayuntamiento, el que se derribó en la actual plaza de la Virgen. El interés de la sala se acentúa con la reproducción de pinturas y signos ornamentales, que potencian la brillantez de la estancia consular.

*El pretendido carácter laico del edificio gótico se
refleja en la obscenidad y pretensión fantástica de las
gárgolas y máscaras exteriores, casi imperceptibles
–por la distancia– a la mirada del visitante*

73

◗ *La Lonja es el único monumento de la ciudad que forma parte del Patrimonio de la Humanidad*

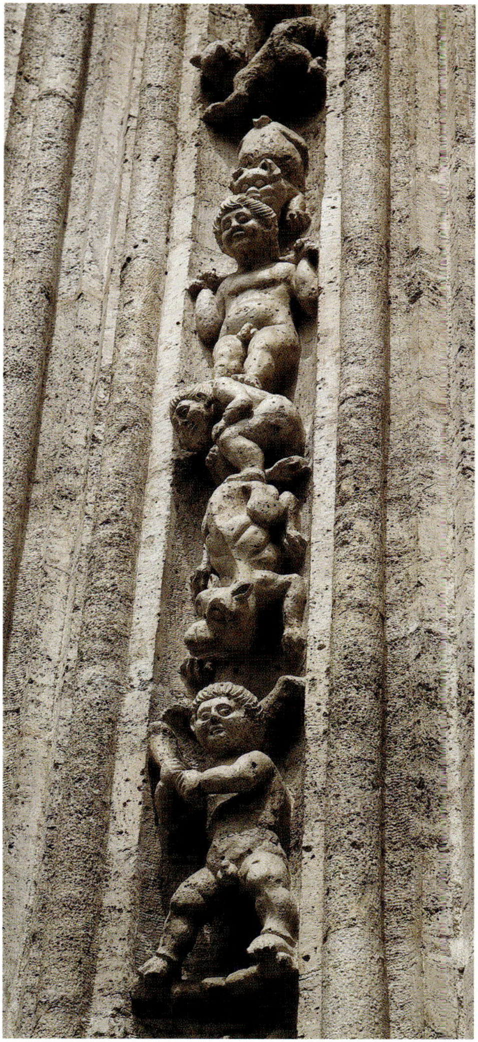

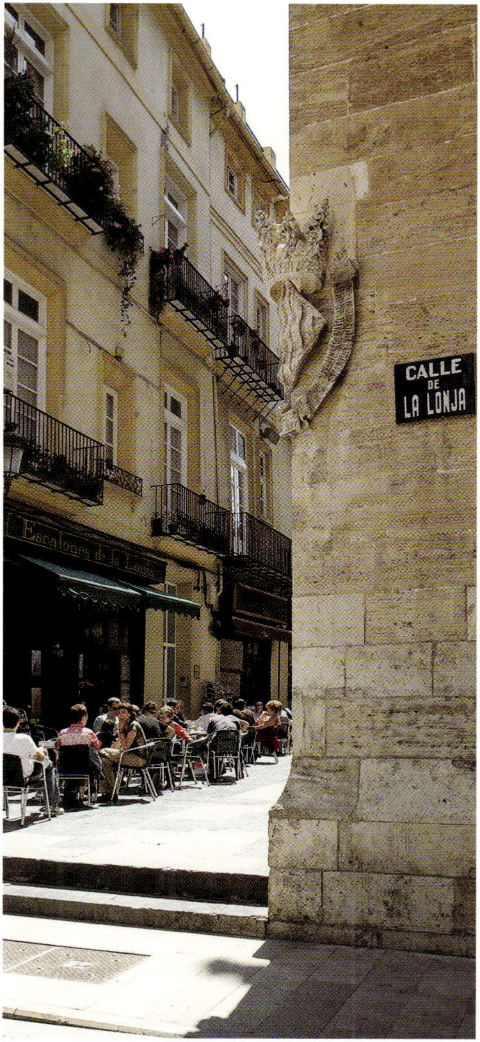
CALLE
DE
LA LONJA

EL Mercat Central

En la plaza del Mercado la ciudad siempre convocó una increíble actividad comercial. Primero en la calle, con puestos de madera cubiertos por grandes lonas, que mostraban los productos de la huerta. Luego, a principios del siglo XX, a raíz del crecimiento de Valencia y como símbolo de su renovación, se construyó un gran mercado de estilo modernista, el Mercado Central, auténtico homenaje a la euforia social de la época, un luminoso templo del paladar, que ofreció a los vendedores callejeros más seguridad y comodidad y a los compradores más variedad y calidad.

Los arquitectos Francisco Guardia y Alejandro Soler entre 1910 y 1928 realizaron este prodigio 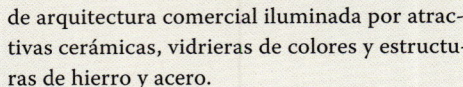 de arquitectura comercial iluminada por atractivas cerámicas, vidrieras de colores y estructuras de hierro y acero.

En la actualidad más de 1.000 vendedores abastecen puestos de verduras, frutas, carne, pescado y marisco.

La veleta que luce la cúpula del edificio es conocida por "la cotorra" del Mercat

◗ *La planta del Mercado es irregular, porque debió adaptarse al trazado quebrado de las calles de alrededor*

◆ *La gran nave central está rematada por una espectacular bóveda*

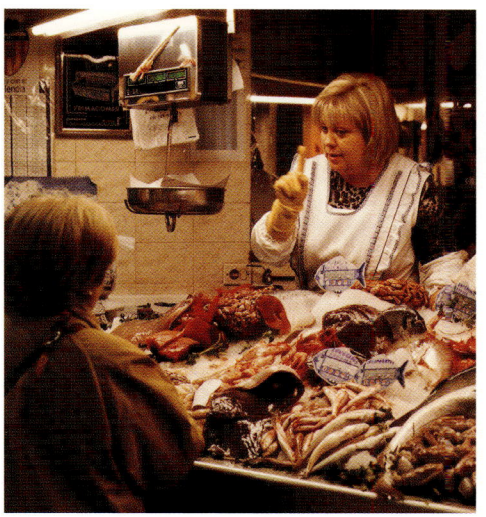

♦ *Un inmenso escaparate de colores, sabores y aromas*

Los dos pequeños edificios situados en la fachada principal correspondían a oficinas administrativas

♦ *El ambiente del mercado favorece conversaciones improvisadas y compraventas inusuales*

La plaza del Mercado anima la convivencia y el intercambio entre los nativos y los visitantes

Cada calle del barrio del
Mercado tiene su especiali-
dad comercial, incluso hay
espacio para productos
de magia

Valencia dispone de una
gran oferta de muebles
y objetos fabricados con
fibras vegetales

En cierto modo, Valencia ha sido, y sigue siendo en parte, una ciudad de pequeños comerciantes y notables artesanos. Hay calles del mimbre, muebles de madera, esparto, hierbas y especias, libros de viejo, tejidos, antigüedades, joyas. Este ambiente de medina árabe distribuida según productos afines se respira paseando por los comercios antiguos de la plaza Redonda y sus alrededores. Sin toros ni gradas, este recinto circular sirvió de mercado de pescado en su origen. Por ello tiene una ruidosa fuente en el centro.

◗ *En su origen la plaza Redonda reunió las pescaderías del centro histórico*

Calma en un comercio
de toda la vida

Al fondo, fachada
posterior de la Lonja

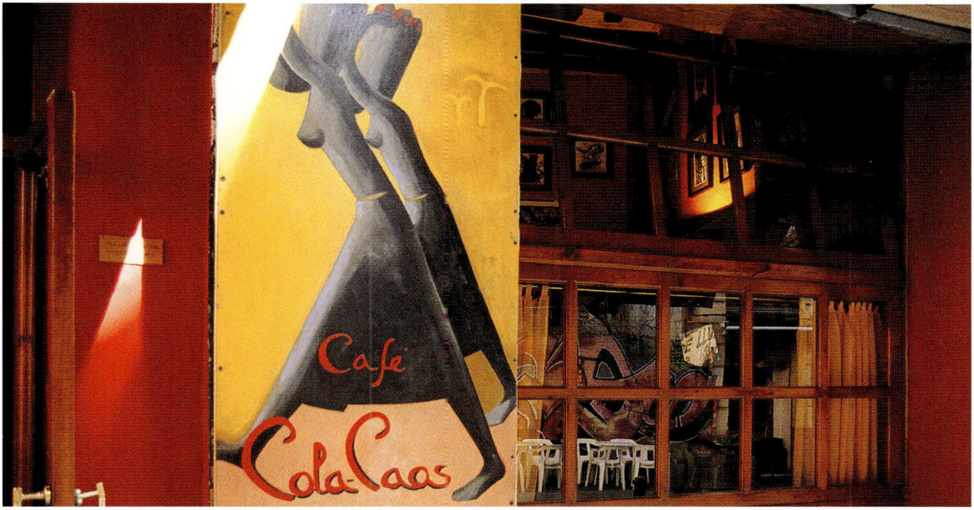
Café
Cola-Caos

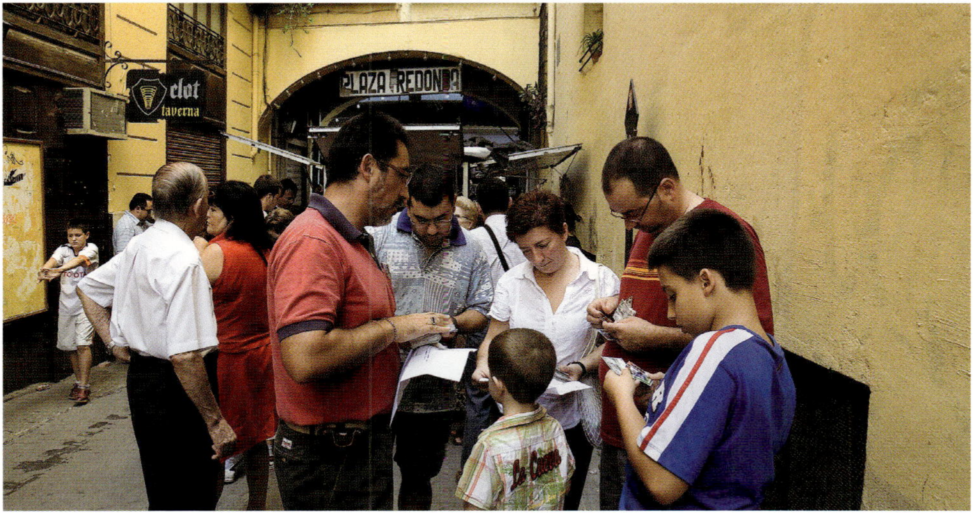
PLAZA REDONDA
taverna

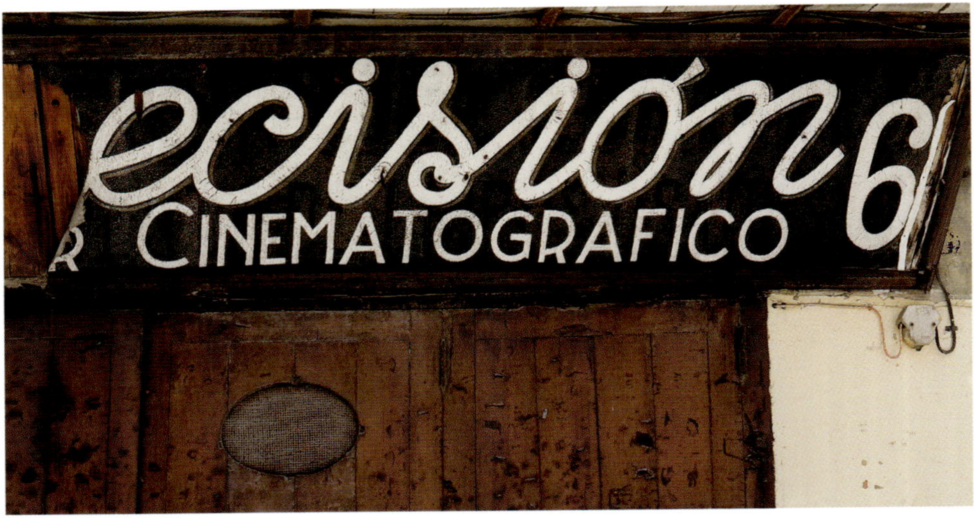
ecisión
CINEMATOGRAFICO

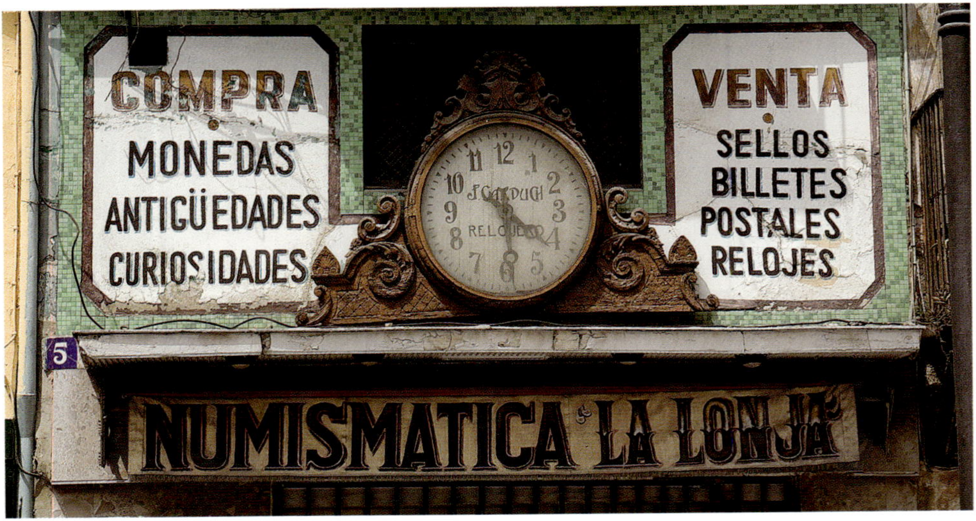
COMPRA
MONEDAS
ANTIGÜEDADES
CURIOSIDADES
VENTA
SELLOS
BILLETES
POSTALES
RELOJES
5
NUMISMATICA LA LONJA

◆ *Las tiendas de la plaza Redonda están especializadas en uniformes de trabajo y de colegios*

La plaza del Negrito,
espacio tranquilo para
la copa del atardecer

La iglesia gótica y barroca
de los Santos Juanes, en
la plaza del Mercado, se
levantó sobre una antigua
mezquita

palacio del marqués de dos aguas

Este es un edificio singular, que recibe innumerables visitas para contemplar sobre todo su magnífica fachada barroca, alusiva al título nobiliario del mecenas Rabassa de Perellós. Esculpida sobre piedra alabastrina de las canteras de Picassent, presenta una poética alegoría sobre el agua y el río con la enigmática presencia de dos gigantes semidesnudos. En su parte superior el tema es la Virgen del Rosario, mientras que en la sección inferior dos ríos se entremezclan con una fauna y una vegetación que envuelve a los dos gigantes calvos, uno desnudo y otro medio tapado. Se notan las influencias de la admiración por la figura humana de Miguel Angel.

El edificio en su origen era un palacio gótico con torre almenada. En 1740 Ginés Rabassa encomendó su reforma a los arquitectos y artistas de moda en la ciudad: Hipólito Rovira, Ignacio Vergara y Luis Domingo. A la estructura tradicional del palacio le incorporaron la portada de alabastro, la cúpula de la escalera principal y los frescos de la fachada. Un siglo después esta familia realizó otra remodelación para acentuar el aspecto suntuario.

La portada esculpida en alabastro de Ignacio Vergara es uno de los rincones más fotografiados de la ciudad

Dos gigantes entre aguas lucen plácidamente su fuerza y energía en la fachada del palacio

Sede del Museo Nacional de Cerámica Manuel González Martí conserva la loza dorada y las producciones de la Real Fábrica de Alcora, así como una nueva incorporación de 600 piezas de porcelana china. Junto a la cerámica medieval de Paterna y Manises se encuentran también carruajes del XVIII, en especial la carroza de las Ninfas. Otros aspectos atractivos del contenido museístico son mobiliario de Dresde con apliques de porcelana de Meissen y Berlín, cerámicas íberas, griegas y romanas y la reproducción a tamaño natural de una cocina tradicional valenciana.

La Virgen del Rosario, encerrada en una hornacina, protege a los moradores y a los visitantes del palacio

En la visita al interior de este palacio causa admiración la magnificencia de sus salones, un símbolo de las costumbres que la aristocracia valenciana empleó en sus tiempos de apogeo.

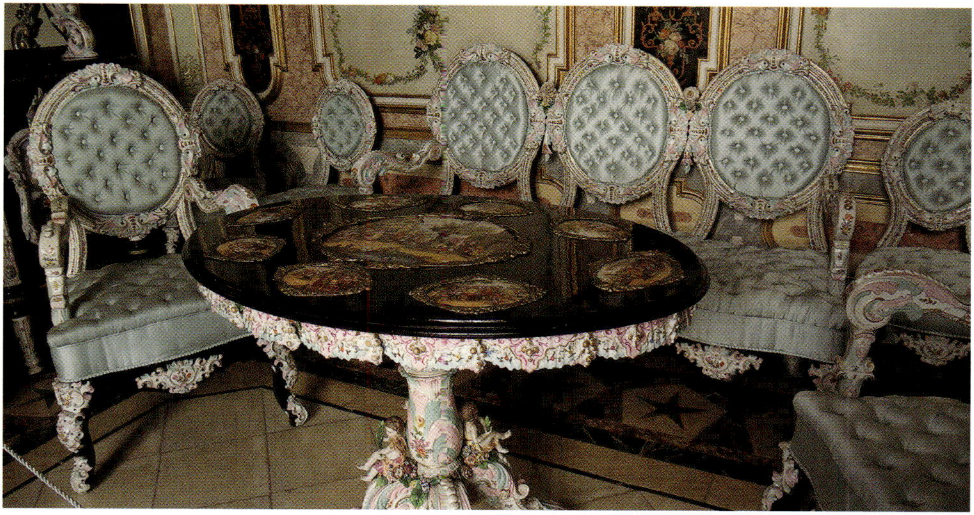

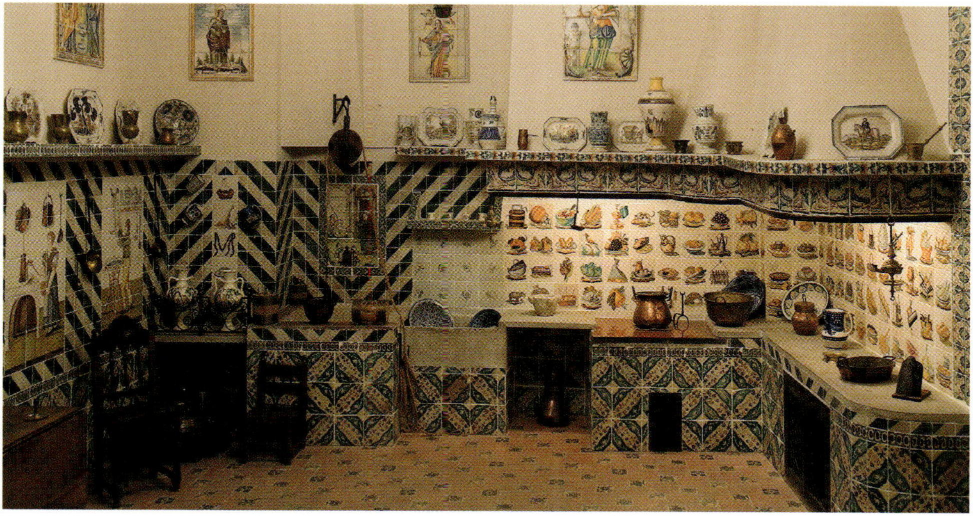

PLAZA DEL AYUNTAMIENTO

La gran plaza del Ayuntamiento, de trazado triangular, está ocupada por numerosos edificios de diversos estilos, que dan la imagen heterogénea y ecléctica del centro administrativo y financiero de la vida municipal de Valencia. De repente el corazón histórico aquí se crece, tiene palpitaciones más intensas porque el tráfico de coches y el trajín constante de personas que van y vienen nos confirman que estamos en la plaza mayor de la ciudad.

Desde la primera reforma que se proyectó en 1905 hasta la que en estos años se lleva a cabo siempre han quedado a salvo los luminosos y coloristas puestos de flores y los espacios libres y amplios para acoger las mascletás (castillos de pólvora y fuegos artificiales) de las fiestas de Fallas y de otras celebraciones. Miles de personas se concentran en esta plaza para saltar, gritar y aplaudir con la pólvora.

El edificio del Ayuntamiento es la fusión de la antigua Casa de la Enseñanza, situada en su parte posterior, y el nuevo palacio municipal construido entre 1905 y 1950 por los arquitectos Francisco Mora y Carlos Carbonell. Formas renacentistas y barrocas, fusionadas con un casticismo de época, consiguen la pretendida monumentalidad. El amplio balcón de la fachada principal acoge en fiestas a las autoridades e invitados especiales, mientras el reloj marca las horas con la melodía del himno regional.

Fachada principal del Ayuntamiento con su característica torre del reloj y fuente luminosa situada en el centro de la plaza, cuya rotonda sirve para ordenar el tráfico.

En cualquier época del año, cada día de la semana, siempre es posible comprar flores frescas y de vivos colores en la plaza del Ayuntamiento. Desde los años 20 el arquitecto Javier Goerlich proyectó el espacio central de la plaza como una gran plataforma de paseo animado por puestos de venta de flores.

El otro gran monumento de la plaza es el edificio academicista del Palacio de Correos y Telégrafos iniciado en 1915 por el arquitecto Miguel Ángel Navarro. Todos los escudos de las regiones españolas están representados en la impresionante cúpula de hierro y cristal de su rotonda interior. La ornamentación de la fachada alude a las comunicaciones por tierra y mar entre los cinco continentes.

La plaza triangular está condicionada por la monumentalidad de los edificios construidos a principios del XX

valencia modernista

Esta ciudad es una de las que posee mayor volumen de obra modernista en España, pues la burguesía y la clase política dirigente se decantaron por las aplicaciones arquitectónicas que planteaba. Exuberancia, barroquismo, colorido y geometrismo eran algunas de las cualidades modernistas que deslumbraron a los arquitectos y artistas valencianos. El modernismo se introdujo en la ciudad con su aplicación a las grandes obras públicas, al urbanismo y a las viviendas. Posteriormente se desarrolló también en la pintura y la escultura.

El modernismo del Mercat Central y de importantes edificios de la plaza del Ayuntamiento, adquiere en la Estación del Norte y en numerosas viviendas del Ensanche así como en el Mercado de Colón un notable desarrollo urbano. Es posible establecer una pequeña ruta para descubrir la Valencia modernista. En la esquina de la calle Ruzafa con la Gran Vía Marques del Turia se encuentra uno de los edificios catalogados. A continuación, la Casa Ortega, en el número 9 de la Gran Vía, provoca admiración. La Casa Ferrer en la calle Cirilo Amorós, 29 y la Casa de los Dragones en la calle Jorge Juan, 3, también son ejemplos de gran belleza arquitectónica.

Detalle de la casa Ortega
(1907)

Diferentes detalles de la rica ornamentación modernista de Valencia

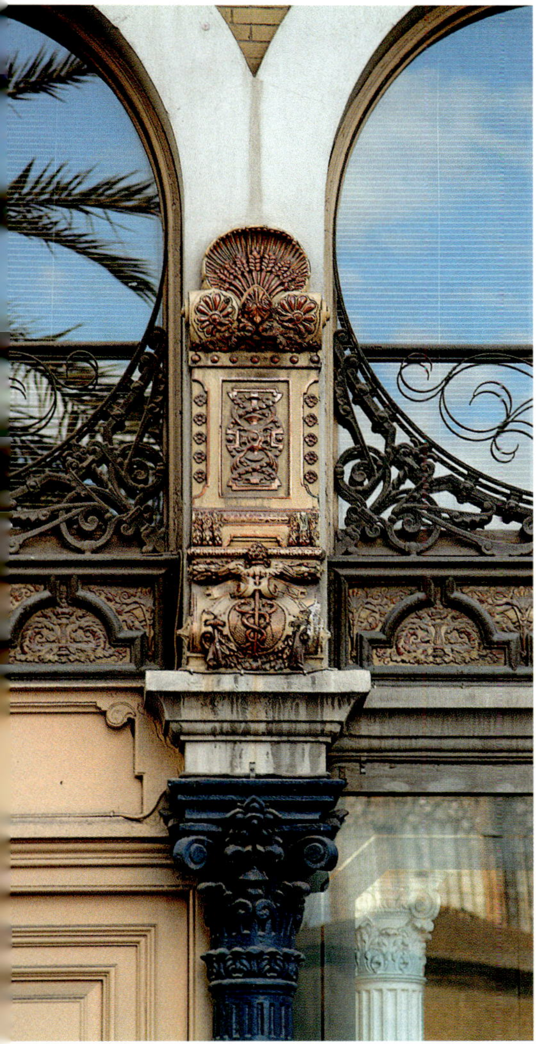

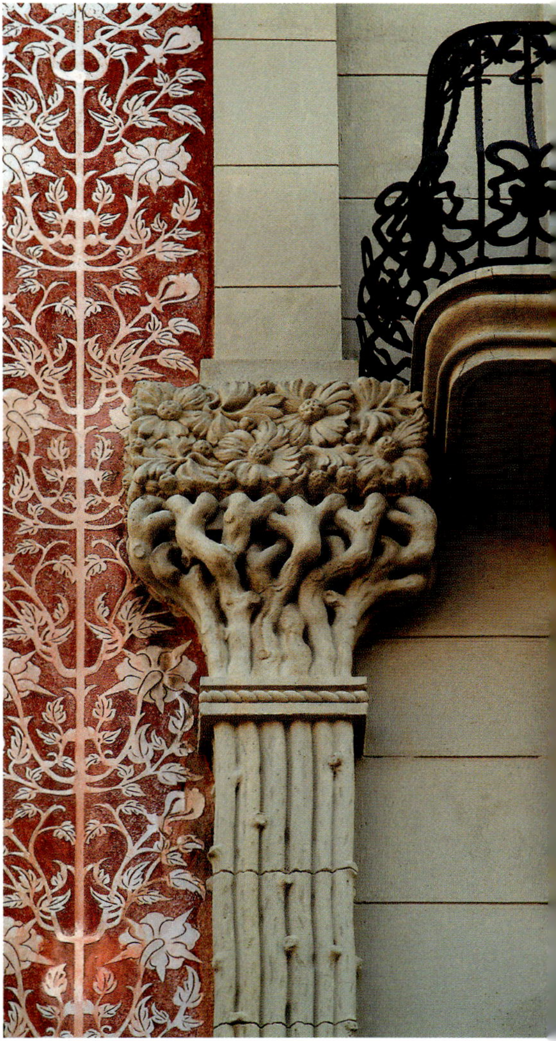

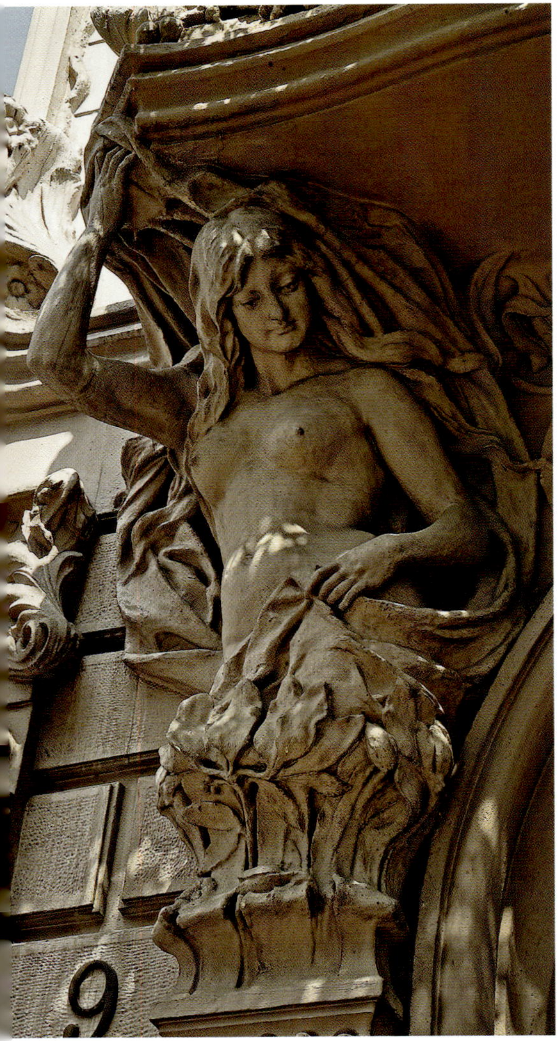

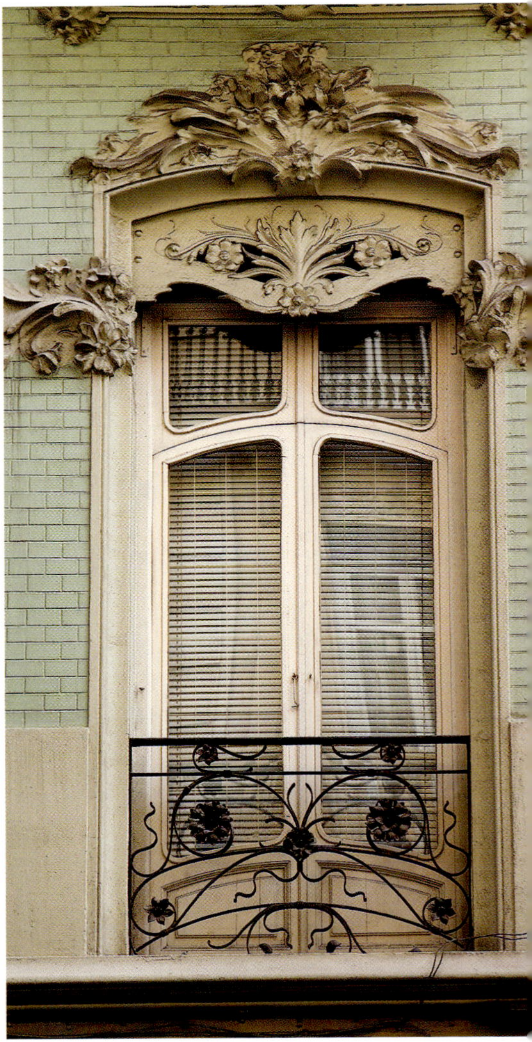

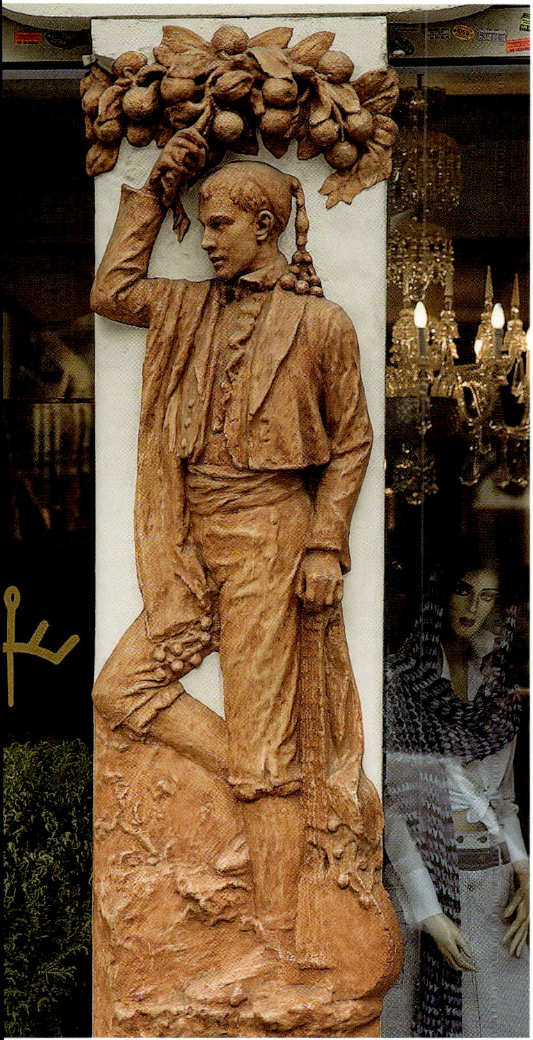

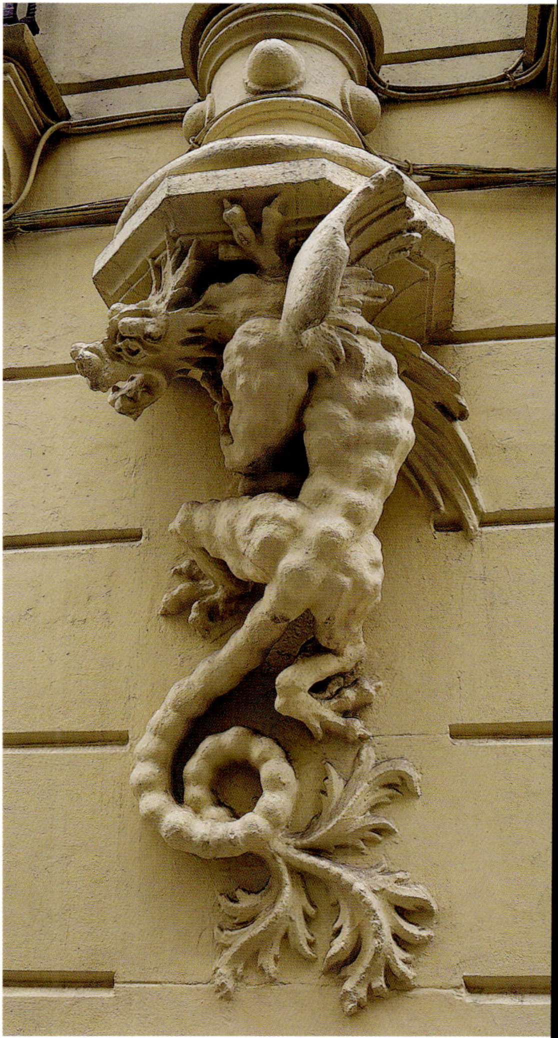

La burguesía del Ensanche quiso tener un mercado más lujoso que el construido frente a la Lonja para los residentes del centro histórico. El Ayuntamiento decidió encargar en 1921 al arquitecto modernista Francisco Ribes la construcción del Mercado de Colón, una auténtica joya de la época. En el edificio, rehabilitado recientemente, destaca la exaltación que se hizo de la huerta valenciana con mosaicos y ornamentación en piedra. Hoy es un confortable centro de ocio y tiendas, que ha abandonado su anterior uso de mercado para acentuar el prestigio del barrio.

La estación del norte

Este edificio se situa fuera de la ciudad intramuros, en la frontera que marcaba durante siglos la vieja muralla de la ciudad. Representa los años en que Valencia se quiso hacer grande y decidió sacar los trenes de la plaza del Ayuntamiento.

Los problemas de vertebración de la zona sur de la ciudad que produce la estación ferroviaria se resolverán en un futuro próximo al convertir en subterránea la estación y crear un gran parque sobre el actual mar de vías por donde circulan a diario 500 trenes.

Por la Estación del Norte entran y salen al dia más de 90.000 mil pasajeros, que desembarcan en la principal zona comercial y de servicios de la capital. Un auténtico río humano atraviesa el espléndido edificio construido por Demetrio Ribes entre 1906 y 1917 dentro de las pautas modernistas con influencia de estilo austriaco. Todos los tópicos de la floreciente sociedad local están representados en su ornamentación.

◊ *Los mosaicos exaltan los valores tópicos valencianistas*

♦ *El precioso vestíbulo es una mezcla de elegancia modernista y sensualidad mediterránea*

La Plaza de Toros

Pegada a la estación, la Plaza de Toros, que se inauguró mucho antes, en 1860, en un estilo neoclásico depurado, evoca las formas y trazados de los coliseos romanos. Sus cuatro plantas de galerías porticadas, sus 384 arcos exteriores del mismo tamaño y dimensiones, convierten a este edificio en un perfecto cilindro de ladrillo. Es una de las primeras construcciones de la ciudad que emplea el hierro al descubierto en las columnas que sujetan las galerías superiores de la grada. En Fallas y Feria de Julio tienen lugar las mejores corridas de toros.

Cuando se construyó se situaba en los arrabales. La Plaza se abrió antes de derribar la muralla. Hoy sin embargo forma parte del centro urbano y comercial.

valencia verde
tierra de flores

De la sociedad árabe que vivió durante cinco siglos en esta tierra no quedan prácticamente testimonios arquitectónicos, porque en general los materiales de sus construcciones fueron empleados en las nuevas que construyeron los cristianos durante la Edad Media. Pero, sin embargo, lo que nadie ha podido eliminar de la mentalidad valenciana es el culto al agua y la admiración por la huerta y los jardines, aspectos de la vida cotidiana que ya los árabes glosaron en sus creaciones literarias.

El poeta Ibn Gálib, residente en el arrabal extramuros de Ruzafa, invitaba a los forasteros en el siglo XII a realizar una parada en la ciudad para aplacar su sed, porque "la lluvia no tardará en llegar. Pedir agua en Ruzafa, y seguro que lloverá en Ruzafa. No hay otra tierra como esta, cubierta de plantas tan cargadas de flores que parecen oro y plata".

Los cristianos que colonizaron esta tierra en el XIII estuvieron convencidos de que entraban en un vergel. El autor del cantar de gesta del Mío Cid se hizo eco de la fertilidad de nuestra tierra poco antes de que el histórico caballero conquistara la ciudad. Lo mismo sucede a los viajeros más contemporáneos que llegan a este rincón del Mediterráneo influidos por los tópicos que cultiva la proyección turística de Valencia.

Si reconocemos que el jardín es en cierto modo un pedazo de naturaleza domesticado, como si un trozo de huerta hubiera sido encerrado en la privacidad de un espacio organizado artificialmente, Valencia posee una docena de excelentes jardines de carácter público. Si hablamos en dimensiones mayores, los valencianos disfrutamos de importantes zonas verdes, unidas entre sí por numerosas arterias urbanas arboladas, y de un viejo río transformado en jardín longitudinal, que reparte a lo largo de la ciudad aromas de plantas y sombras de árboles. Además en los alrededores de la capital se puede disfrutar de zona verde en tres parajes muy am-

plios, como son el parque de La Albufera y su playa de El Saler, la cercana Sierra de la Calderona y el parque forestal metropolitano situado junto al Turia en los términos municipales de Paterna, Ribarroja y La Eliana.

A partir del siglo IX los árabes marcaron las principales pautas de los jardines al introducir especies de origen agrícola como naranjos, limoneros, palmeras y granados, y combinar su presencia con plantas y flores orientales como cipreses, arrayanes, claveles y rosales. El jardín árabe-valenciano se caracterizó por su distribución en cuadros, líneas divisorias con setos y abundancia de plantas olorosas muy típicas como el mirto y el jazmín, cuyos aromas se mezclaban con la flor de azahar. Si a ello se une la generosa climatología, con temperaturas suaves y notable humedad, no resulta difícil encontrar los argumentos suficientes para explicar la fascinación que Valencia siempre ha producido en las expectativas y vivencias reales del viajero.

Rincón de los Jardines del Real, Viveros municipales

L'ALBUFERA

El parque natural de La Albufera, situado al sur de la ciudad, comienza al cruzar la desembocadura del nuevo Turia y concluye prácticamente al llegar a la montaña de Cullera. Es una zona verde de uso agrícola muy extensa, que comparte su ritmo de sociedad tradicional de pescadores y agricultores con la presencia constante de vecinos y turistas en sus amplias playas y restaurantes.

Este parque siempre formó parte del patrimonio real por lo insólito de su belleza natural y las buenas condiciones que ofrecía a la caza del pato salvaje y pesca de la anguila. Pero este privilegio finalizó en 1865 cuando el municipio reclamó y consiguió la propiedad del parque para engrosar su patrimonio. Junto a la caza y pesca, hoy actividades en recesión, La Albufera es principalmente una inmensa superficie inundable de campos de cultivo de arroz. Su agua dulce procede de varios manantiales interiores (ullals) que abastecen permanentemente al lago de líquido, aunque el parque está conectado al mar por tres canales cuyas compuertas regulan el nivel del agua de los campos. El centro del lago se llama "lluent" por ser el punto donde las aguas emiten más brillo. Los poetas árabes lo describieron como el espejo del sol.

Constituye un paraíso natural para las aves migratorias que cada año pasan del frío nórdico al cálido sur. Por este corredor mediterráneo migran especies de todo tipo, que son observadas por el centro de investigación del parque. Hay un espacio de recuperación para aquellas aves que interrumpen su viaje por enfermedad.

El extenso litoral de playa de arena y pinares, situados entre dunas y malladas, recibe los nombres de Pinedo, El Saler y La Devesa. Cerca de una docena de kilómetros de litoral, solamente interrumpidos por los canales del lago, hacen de esta playa un espacio privilegiado para disfrutar del sol y del agua sin problemas de excesiva concentración de bañistas.

El modo de vida tradicional de los pescadores se puede encontrar en especial en la población de El Palmar, isla situada en el interior del lago, que en la actualidad está completamente unida a tierra firme. En el mirador del parque, situado en la carretera litoral junto al primer canal, es posible alquilar una barca para navegar por el lago y sus numerosos canales. Antiguamente las embarcaciones surcaban sus aguas con una espléndida vela latina. El Palmar es también un lugar recomendado para degustar la paella valenciana y otras delicias de la cocina marinera y de mariscos.

El arroz llegó a las costas mediterráneas desde la India gracias a las expediciones de Alejandro Magno, situación que se data en el siglo III antes de Cristo. Los árabes lo introdujeron en este parque natural en las orillas del lago que pertenecen al municipio de Sueca, en la partida del Camp de Brahamons, nombre con reminiscencias hindúes. El cultivo del arroz en Valencia ha pasado épocas de prohibición y otras de autorización, pese a que era incuestionable su valor nutricional. Su prohibición se basaba en que los humedales donde se cultivaba eran origen del paludismo y otras epidemias. De hecho hasta 1986 no se liberalizó su cultivo, por lo que durante varias centurias siempre estuvo pendiente de autorizaciones.

En el museo de Cullera dedicado al arroz se analiza el ciclo de su cultivo. Entre mayo y junio se prepara la tierra para echar las semillas. A finales de mayo entra el agua en los campos y está todo el verano hasta septiembre en que se vacía para realizar la siega. A veces en octubre se vuelven a inundar hasta enero para atender la demanda de los cotos de caza de patos.

En el verano los campos de arroz de La Albufera son espejos de agua

Sólo una décima parte de las 30.000 hectáreas que reseñaban los cronistas romanos Avieno y Estrabón permanece navegable en el lago. Desde entonces el parque se ha ido transformando en tierras de marjal destinadas al cultivo del arroz. Trece términos municipales tienen participación en las 21.000 hectáreas que controla la dirección del parque natural dependiente de la Generalitat Valenciana. Es el primer parque natural que aprobó el gobierno valenciano en 1986.

jardines de la ciudad

Las pautas árabes para los jardines sufrieron importantes transformaciones cuando Italia y Francia empezaron a marcar las costumbres valencianas. El antiguo vergel buscó la racionalidad de las perspectivas y los juegos de luces y sombras, con presencia de esculturas y flores exóticas. Primó más el carácter arquitectónico que el paisajístico.

Los jardines del Real, también conocidos por los Viveros de propiedad municipal, constituyen por historia y trazado los más emblemáticos de Valencia. Fueron casa de recreo de los reyes de taifas y luego de los reyes cristianos. Situados al otro lado del río, por tanto extramuros, fueron elegidos por los monarcas para construir su residencia real en un palacio del que no quedó rastro. La vida palaciega pasó al baúl de los recuerdos cuando el Palacio del Real fue destruido por los vecinos de la ciudad en un episodio de la Guerra de la Independencia.

Estos jardines durante decenios han abastecido de planteles de flores y árboles a la ciudad. La entrada más cercana al viejo cauce presenta palmeras monumentales y flora mediterránea. Dispone de un estanque lleno de románticos cisnes y patos, mientras en otra zona las portadas de una iglesia barroca y de un palacio de la nobleza se han integrado al parque como si fueran esculturas entre árboles. La parte más moderna corresponde a espaciosos prados de césped y numerosas rosaledas. También hay que mencionar los rincones íntimos creados entre setos de diseño neoclásico. Una escultura del artista valenciano Andreu Alfaro preside una avenida de cipreses. Viveros acoge también el Museo de Ciencias Naturales y el Zoo.

El viejo cauce del Turia es una de las rutas más apreciadas por los cicloturistas en la ciudad, ya que carece de tráfico rodado y presenta zonas verdes de diferentes características

Para los curiosos de lo exótico el jardín recomendado es el Botánico, propiedad de la Universitat de València. Su origen corresponde a un huerto abierto para la enseñanza de la botánica. Su estructura actual, creada por el naturalista Antonio José Cavanilles en 1802, sirvió para experimentar nuevos cultivos y aclimatar especies desconocidas. Una espléndida estufa de hierro y vidrio protege el jardín tropical de las oscilaciones térmicas.

Muy cerca se ha abierto el jardín de las Hespérides, que incluye una colección de cítricos de cincuenta variedades diferentes. Otro jardín inaugurado recientemente, muy cerca del Palacio de Congresos, se apunta a una tradición literaria. Es el jardín de Polifilo, inspirado en el libro de Francesco de Coloma "Sueños de Polifilo". Con notable sabor romántico el visitante deambula por la plaza de las Puertas del Destino para encontrar al Guardián de los Huertos y visitar la Isla de Ciretea.

151   *El Jardín Botánico, el más antiguo de la ciudad, conserva 3.000 especies y más de 7.000 arbustos y árboles*

La huerta que originó los jardines de Monforte, frente a Viveros, fue adquirida en 1849 por el marqués de San Juan para transformarla en un espacio verde de influencia italiana, que diera rango a su ilustre mansión. En su hemiciclo interior luce dos leones de mármol de Carrara, obra de José Bellver. Un grupo escultórico de aire rococó y una fuente situada en el centro de la glorieta, un estanque presidido por una portada renacentista, un largo corredor cubierto por una tupida buganvilla, un pequeño bosque de frondosos árboles, son algunos de los espacios acotados de este espléndido jardín, que está protegido por una tapia alta.

La Glorieta, situada en la ronda interior de la ciudad, dejó de estar cerrada cuando su artística verja se instaló en los Viveros. Lo creó en 1817 el capitán general de Valencia, Francisco Javier Elío, de mentalidad afrancesada. Este jardín luce los ficus más hermosos y grandes de la capital: el mayor tiene una copa de 40 metros de diámetro. Pegado a este jardín, el Parterre luce en su centro la monumental estatua del rey Jaime I, promotor y creador del antiguo Reino de Valencia. Los árboles que quedan en pie constituyen ejemplares que provocan admiración. La enumeración de parques y jardines de Valencia se completa con los de Benicalap y Oeste y el de Ayora. En el futuro, cuando la Estación ferroviaria del Norte pase a ser subterránea, el viejo andén y el actual mar de vías se transformarán en el gran parque Central, que será con diferencia el mayor de la ciudad, después del Jardín del Turia.

El estanque de los jardines de Monforte y la escalera que conduce a una portada renacentista es el escenario urbano más buscado por los recién casados y las fiestas de protocolo

Las esculturas aumentan la atmósfera romántica que invade a los visitantes de esta antigua huerta de Monforte

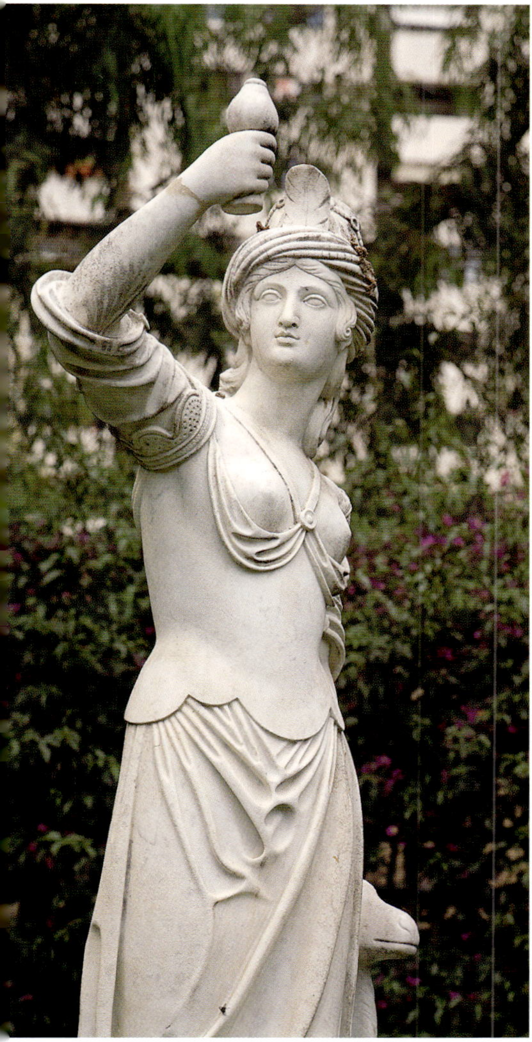

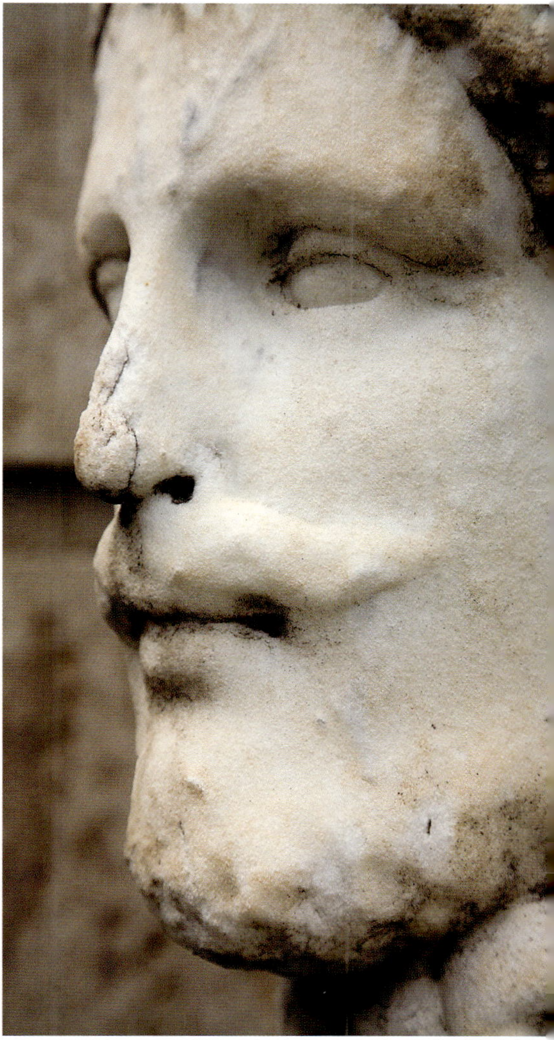

EL VIEJO CAUCE DEL RIO TURIA

Con un itinerario sinuoso, modelado por los últimos meandros antes de su salida al mar, el viejo Turia protegió durante centurias la población de Valencia. La colonia romana nació como una isla fluvial, más vinculada a la feraz huerta que al comercio marítimo. Los romanos no obstante crearon un pequeño puerto en el interior del río donde ahora se encuentran las Torres de Serranos.

Esa protección geográfica sobre la ciudad tuvo su anverso y su reverso. La presencia tan cercana del río constituía la principal amenaza y origen de destrucción de la importante huerta que sus mismas aguas habían hecho crecer. Como típico río de régimen mediterráneo siempre tuvo un caudal muy irregular.

En los últimos tiempos el Turia en realidad no pasaba por Valencia, porque cuando llegaba a la ciudad prácticamente no traía agua, su caudal había sido agotado en riegos y suministros urbanos antes de alcanzar su desembocadura. Nada tiene que ver esa imagen con la descrita por el botánico Cavanilles en 1795: "siempre son aquí temibles las riadas, porque nada impide el que las aguas se derramen hácia las huertas, pero si se verifican quando el cauce se halla embarazado cuando la madera que desde Santa Cruz y Moya baxa para el abasto de la capital, entonces son incalculables los daños". Lejano queda el tiempo en que el río era la vía natural por donde descendía la madera de los bosques del interior para ser manufacturada en la capital.

En 1957 el Ayuntamiento dijo basta a raíz de la trágica riada de octubre y proyectó sacar el río del centro de la ciudad con el llamado Plan Sur, que suponía a la vez la construcción de carreteras de circunvalación por los nuevos márgenes. Los Reyes de España en su primera visita a Valencia durante la transición democrática donaron a la ciudad la inmensa superficie del cauce, nueve kilómetros de longitud por 150 metros de anchura, para que la vida de los valencianos ganara en calidad y seguridad. Así, de repente la ciudad, que ya poseía la fama de ser tierra de jardines y flores, se encontró con un millón de metros cuadrados de nueva zona verde de uso público.

El Paseo de la Alameda creció como vía de acceso al Palacio Real, siguiendo la ribera izquierda del río. Dos artísticas fuentes señalan las dos entradas del paseo

Hubo tecnócratas desarrollistas que barajaron durante años el trazado de nuevas carreteras por el interior del cauce desecado, pero al final pudo más la opinión ciudadana y ecologista para dedicarlo íntegramente a zona de ocio.

El viejo cauce se ha transformado en la columna vertebral de la población, en la ruta que da vida ciudadana a sus diferentes barrios y distritos situados a derecha e izquierda. Como pulmón verde y amplio polideportivo ha extendido a todas esas barriadas la posibilidad de disfrutar de una infraestructura permanente de ocio y vida al aire libre, oportunidad urbana de la que antes carecían.

El Ayuntamiento ofreció al arquitecto catalán Ricardo Bofill la posibilidad de presentar un proyecto general de ocupación del cauce para satisfacer las grandes expectativas creadas entre los ciudadanos, pero finalmente su colaboración técnica se centró exclusivamente al entorno de ambiente neoclásico más cercano al Palau de la Música, y las ideas para otros tramos se abordaron con otros especialistas. En el diseño urbanístico intervinieron arquitectos valencianos agrupados en los estudios Vetges Tu y Mediterrània. Puede afirmarse que la urbanización selectiva del viejo Turia se ha ido haciendo poco a poco, de manera pausada.

Las últimas partes en las que se ha intervenido corresponden al tramo más interior, para crear el nuevo Parque de Cabecera, y en el lado opuesto situado cerca de la desembocadura en la Ciudad de las Artes y las Ciencias. Sólo queda por urbanizar la parte final del cauce, que alcanza las instalaciones del Puerto. Los márgenes en esa zona están liberándose todavía de sus viejas ataduras a los usos industriales y portuarios.

El agua y las maderas que el Turia arrastró durante siglos hoy ya no existen y su vacío ha sido ocupado por las zonas verdes, el ocio y los deportes. También por la cultura con mayúsculas. La ruta urbana que establece su lecho ha permitido desarrollar a derecha e izquierda una oferta de espacios culturales muy importante.

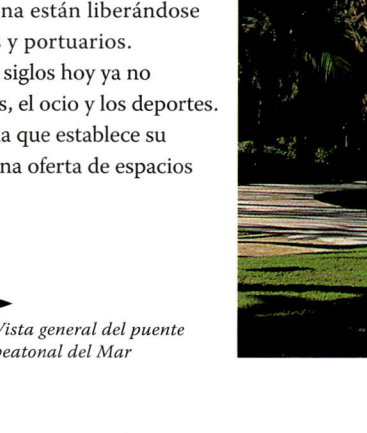

Vista general del puente peatonal del Mar

LOS PUENTES

La veintena de puentes que comunican uno y otro lado de la ciudad pertenecen a todo tipo de estilo. Después de los más preciados, de trazados gótico y renacentista, casi una decena se construyeron pasado 1960 y los seis levantados en los últimos años tienen la pretensión de absorber tráfico.

De oeste a este el primer puente moderno, Nou d'Octubre, es una de las primeras aportaciones del arquitecto Santiago Calatrava a la renovación de Valencia. Los siguientes constituyen prolongaciones de las avenidas. En el puente San José ya se percibe la arquitectura tradicional, al igual que en el de Serranos. La pasarela Pont de Fusta es una vía peatonal muy concurrida. También tiene su sabor tradicional el puente de la Trinidad. Aunque el que más prestigio se ganó en el tiempo fue el del Real, construido en el siglo XIII, que permitía a los monarcas acceder al interior de la ciudad desde su palacio oficial construido extramuros.

El itinerario sigue con una reciente aportación de Calatrava llamada puente de la Exposición, más conocido popularmente por "la peineta", nombre alusivo al aderezo de las falleras, y el puente de las Flores, un auténtico lujo de costoso mantenimiento, donde miles de flores, renovadas en cada estación, confirman la querencia de la ciudad por el arte floral.

Imagen del espectacular puente de la Exposición, realizado por Santiago Calatrava

El puente del Mar era el camino antiguo hacia el puerto. Transformado en sólo peatonal, se alza sobre jardines neoclásicos, ofreciendo uno de los rincones más sugerente del remozado cauce. El puente de Aragón es el actual camino hacia el litoral. Pero no el único, porque los puentes del Ángel Custodio y Reino de Valencia asumen el mismo papel. Este último ha puesto al día preceptos del renacimiento y art decó para obras civiles. La gente le llama el puente de "los demonios" por los ángeles caídos que al estilo de gárgolas góticas luce en sus cuatro esquinas.

   El puente de Monteolivete constituye un apreciable balcón para descubrir la Ciudad, mientras que el proyectado puente del Grau, dentro del complejo, será también realizado por el estudio de Calatrava.

El puente del Mar lo destruyó una riada en el siglo xv. Se rehizo pronto porque era una vía de comunicación imprescindible con la zona portuaria. Hace pocas décadas se transformó en peatonal y se incorporaron las escalinatas

Jardines y espacios deportivos

El parque de Cabecera es el que inicia, como su nombre indica, el alargado río vegetal en que se ha transformado el viejo Turia. De reciente creación, con una superficie de 150.000 metros cuadrados, una quinta parte ocupada por un lago navegable, evoca la zona donde el río cambió su rumbo para domesticarse como estanque apacible.

Siguiendo el mismo itinerario hacia la desembocadura el Estadio de Atletismo constituye una de las nuevas instalaciones deportivas. El jardín del Turia, antes del puente de San José, recibe el tratamiento de parque urbano forestal porque se han reunido especies arbóreas de diferentes comarcas así como plantas aromáticas y medicinales. En el margen derecho se sitúa el centenario Jardín Botánico y el Jardín de las Hespérides. Rugby, béisbol y fútbol constituyen algunos de los deportes que se juegan entre los puentes de San José y de la Exposición.

El tramo situado junto al paseo de la Alameda se ha destinado a la instalación temporal de ferias y carpas. También está reservado para las grandes noches de castillos de fuegos artificiales. Los cercanos y populares jardines de Viveros y de Monforte requieren visita obligada.

Sigue esta ruta verde y deportiva por los espacios neoclásicos que proyectó el arquitecto Ricardo Bofill: cipreses, palmeras y pinos, árboles todos ellos plantados entre estanques, anclados en las raíces de la cultura clásica.

En los nuevos jardines creados alrededor de la Ciudad de Calatrava la urbe se abre hacia el horizonte del mar Mediterráneo.

un río de cultura

Con la expresión tan llamativa de "un río de cultura" se ha establecido en Valencia un nuevo itinerario urbano que recoge los espacios expositivos más destacados de su oferta cultural. Es una ruta que discurre por los laterales del viejo río, complementaria de los atractivos de zona verde y deportiva ya descritos.

Comenzando el recorrido en el punto más lejano a la costa, el visitante tiene la oportunidad de iniciar sus pasos en el Museo de Historia de Valencia, frente al parque de Cabecera, instalado en el interior del antiguo depósito de aguas de la ciudad. Aquí descubrirá con medios audiovisuales de última generación los orígenes de Valencia y sus principales transformaciones.

El puente de las Artes recibe este nombre porque se sitúa cerca de los espacios expositivos de mayor proyección internacional de la ciudad. El Instituto Valenciano del Arte Moderno (IVAM) desde su inauguración se ha convertido en el recinto mundial del arte del siglo XX. Construido por los arquitectos valencianos Emilio Giménez y Carlos Salvadores, goza de una colección permanente de más de 7.000 piezas y 2.000 fotografías, que ilustran de manera muy elocuente las vanguardias europeas del siglo XX.

El colindante Centro Cultural de La Beneficencia, dependiente de la Diputación provincial, dedica su espacio a la etnología, prehistoria y culturas tradicionales. Por su parte el Centro del Carmen aspira a reunir el museo del siglo XIX después de varios años comprometido con el arte contemporáneo más innovador.

En esta enumeración de infraestructuras culturales no hay que olvidar la Casa Museo del pintor y escultor José Benlliure, que forma parte de la escenografía urbana más valiosa. La construcción de la vivienda así como el jardín y el estudio del pintor son un muestra de la renovación arquitectónica realizada en el límite de la Valencia intramuros.

Otro balcón expositivo de primer orden, situado en el margen izquierdo del viejo cauce, corresponde al arte medieval y moderno del Museo de Bellas Artes San Pío V. Su carácter de pinacoteca nacional permite en este recorrido fluvial adquirir una visión completa de las diferentes épocas de la

El puente del Mar ofrece al paseante unos oportunos bancos de piedra incorporados a los petriles, que se adornan con capillas de santos, pirámides y bolas

168   ♦   *Fachada del Centro Julio González del IVAM*

◖ *Todas las vanguardias artísticas están representadas en sus salas*

historia del arte universal. En el espacio ampliado de este tradicional museo, que posee una preciosa cúpula azul por dentro y por fuera, se descubre a los maestros que pintaron las mejores tablas góticas con dorados en la gran época de la ciudad, el siglo XV, y presenta obras de Juan de Juanes, Ribera, Velázquez, Goya, Pinazo y Sorolla, entre otros.

Para escuchar música culta los valencianos disponemos de dos auditorios levantados precisamente en este cauce de cultura. El Palau de la Música, de gestión municipal, sede de la Orquesta de Valencia, programa ciclos de grandes orquestas e intérpretes vinculados a los grandes nombres de la música nacional e internacional. Fue inaugurado en 1987 y construido por el arquitecto José María García de Paredes. El Palau de les Arts, de gestión vinculada a la Generalitat Valenciana, amplia esos cometidos con la presencia de una temporada regular de lírica, grandes formaciones orquestales y programaciones complementarias de ballet y teatro.

El recinto cultural preferido por los niños se llama parque Gulliver. Son enanos cuando se deslizan por sus monumentales piernas y brazos, y se transforman en gigantes al penetrar en sus entrañas y contemplar una reproducción de Valencia a pequeña escala. Este conjunto escultural de 296 metros cuadrados diseñado por el artista fallero Manolo Martin se inspira en el personaje del escritor Jonathan Swift.

La Ciudad de las Artes y las Ciencias fué concebido como un grandioso espacio de cultura, ocio y conocimiento arropado por un mismo concepto arquitectónico. Todas las artes y las ciencias están representadas.

El recorrido del nuevo río de cultura concluye como en realidad ha empezado, con la historia de la ciudad. El Museo Fallero constituye una muestra de las bellas artes aplicadas a la creatividad popular. Ubicado en un antiguo convento de los Padres Paules alberga la colección de ninots (esculturas de cartón) indultados del fuego cada año.

◆ *En el parque Gulliver los niños son enanos*

Este río de cultura se complementa con diversos contenedores culturales que se han instalado en espacios artísticos del arte gótico, barroco y neoclásico, que han abandonado su función original.

El románico tardío y el gótico más selecto se muestran con todo su esplendor en El Almudín y las antiguas Atarazanas situadas en el puerto, espacios ambos dedicados a exposiciones temporales. Las cinco naves de planta rectangular constituyen una muestra de arte gótico al servicio de las necesidades de los pescadores y comerciantes para almacenar y construir naves. Por su parte El Almudín, sugerente edificio de principios del siglo XIII, se erigió sobre un alcázar árabe para realizar las funciones de almacén de trigo.

El Monasterio de San Miguel de los Reyes representa mucho más que un espacio expositivo. Es la sede oficial de la Biblioteca Valenciana en homenaje a la voluntad cultural que desplegaron entre estos muros los virreyes de Valencia, doña Germana de Foix y el Duque de Calabria. Levantado en el XVI de acuerdo al proyecto renacentista de Covarrubias sobre una antigua abadía mercedaria siempre se construyó con una clara influencia de El Escorial. Posee un severo claustro rodeado por galería de arcos. Después de cumplir la primera pretensión del sueño de los virreyes de conservar sus libros y sus restos mortales, el monasterio se transformó en asilo y luego en cárcel. Salvado de la destrucción, hoy es un privilegiado espacio cultural asentado en la periferia urbana, en diálogo permanente con el pasado de la ciudad.

Cúpula del Museo San Pío V representando una bóveda celeste

♦ *Jardines neoclásicos a los pies del Palau de la Música*

◖ *La gran cúpula de cristal del Palau se transforma de noche en una sugestiva galería cubierta*

Juegos de luz, agua y sonido en los jardines del Palau

Con pretensiones arquitectónicas menos monárquicas y en el interior del corazón histórico de la población se sitúa el Convento del Carmen, antigua sede del Museo de Bellas Artes y hasta finales de los años 70 recinto de la Escuela de Bellas Artes. También sus muros góticos, renacentistas, barrocos y neoclásicos hablan del arte de todos los tiempos. Primero el IVAM lo transformó en su segunda sede para mostrar a los autores plásticos de más rabiosa juventud. Este diálogo radical entre tradición y modernidad se ha calmado al buscar la especialización del espacio en el arte valenciano del siglo XIX y principios del XX.

El inventario de edificios de uso cultural con raíces ancladas en el pasado de la ciudad sigue en el Centre Cultural de La Nau y el Palacio del Marqués de Dos Aguas. El espacio neoclásico de La Nau alberga la génesis de la primera universidad valenciana creada hace 500 años. La estatua del humanista Luis Vives, anclada en el centro de su claustro, representa la proyección europea de la cultura valenciana, ya que debió huir desde esta tierra a Francia e Inglaterra perseguido por la Inquisición y desarrollar su carrera filosófica a la sombra de Erasmo. Muy cerca de este centro universitario, el barroquismo y el lujo del Palacio del Marqués de Dos Aguas atraen la curiosidad de los numerosos visitantes que eligen este espacio expositivo como uno de sus preferidos.

El MUVIM (Museo de la Ilustración y la Modernidad), de gestión provincial, construido por Guillermo Vázquez Consuegra e inaugurado en julio de 2001 y el Palau de les Arts Reina Sofía, obra de Santiago Calatrava inaugurada en octubre de 2005, representan las últimas incorporaciones en arte y música a la oferta cultural de Valencia, ciudad que goza de unas infraestructuras culturales también en artes escénicas y cine dignas de una urbe cosmopolita y europea.

♦ *El Museo San Pío v luce las mejores tablas góticas de Valencia*

la ciuDaD Del SIGLO XXI

Valencia, alimentada por la belleza artística de la Lonja de mercaderes, el Miguelete y el Palau de la Generalitat, ha transformado su imagen de ciudad gótica y medieval gracias a la poderosa presencia de las diferentes concepciones urbanas que, en el umbral del siglo XXI, están marcando arquitectos y urbanistas como Santiago Calatrava, Norman Foster, Guillermo Vazquez Consuegra, David Chipperfield, Félix Candela, Jean Nouvel, Kazuyo Sejima y Ryue Nishizawa, entre otros. En este listado no hay que olvidar a Ricardo Bofill, que aunque sólo intervino en el entorno fluvial del Palau de la Música, fue el primer arquitecto que tiempo atrás ofreció ideas para desarrollar el jardín del Turia. Con el impulso de este salto milenario que se ha propuesto la ciudad todos ellos han presentado y realizado ideas y proyectos disputándose el desarrollo futuro de esa Valencia que hoy vive a gran velocidad todos los acontecimientos.

La pléyade de arquitectos internacionales encuentran en esta dualidad antiguo-nuevo la raíz de su proyecto. Los japoneses del estudio Sanaa diseñan la piel del IVAM evocando cómo se camina en Valencia por debajo de la sombra de los árboles para sortear el intenso sol mediterráneo y recreando la preciosa atmósfera interior de las iglesias góticas y los mercados modernistas. El valenciano Santiago Calatrava, nacido en la huerta metropolitana, sólo tiene que mantener viva su memoria de niño para elevar el trencadís a obra de arte, poner abundante agua huertana a todo lo que construye, hacer del color blanco y del matiz de las sombras su perfil cromático. Calatrava proyecta tres rascacielos de trazado helicoidal como las columnas góticas de La Lonja. Norman Foster hace de la luz y claridad mediterráneas y del sol sus principales preocupaciones. Jean Nouvel repiensa la ciudad a partir de la desembocadura de su río desecado, buscando un nuevo estuario urbano que regenere el frente litoral y acentúe un poco más la accesibilidad de sus playas urbanas.

El actual crecimiento urbano está mediatizado por dos grandes líneas de fuerza, una que tira hacia el este y sureste buscando ampliar la ciudad hasta la misma línea del mar, transformando las parcelas de huerta en suelo urbanizable después de eliminar de una superficie de 370.000 metros cuadrados el extenso polígono industrial que existía en esa zona. El otro eje de crecimiento se sitúa prácticamente en el lado opuesto, empujando hacia el norte y noroeste. La remodelación del Puerto y la construcción de la Ciudad de las Artes y las Ciencias son las principales intervenciones que están acercando la ciudad al mar por el frente oriental y litoral. El Palacio de Congresos y la apertura de la nueva Avenida de las Cortes Valen-

cianas, que luce en una rotonda la monumental escultura de la Dama Ibérica del artista Manuel Valdés, ejercen el mismo papel urbanizador pero en dirección hacia el norte, donde también la huerta ha visto reducida drásticamente su antigua presencia natural.

A Valencia le quedará otro reto futuro, y es la transformación en zona verde de los 800.000 metros cuadrados que quedaran liberados en el centro de la ciudad para convertir la superficie que ocupa la actual estación ferroviaria del Norte y todo su complejo trazado de vías en el esperado Parque Central. El proyecto trasladará la estación a una cota subterránea y evitará así el actual estrangulamiento de la vida urbana que en el centro y sur siempre ha requerido pasos a nivel, túneles y puentes para cruzar de uno a otro lado la frontera de los raíles ferroviarios.

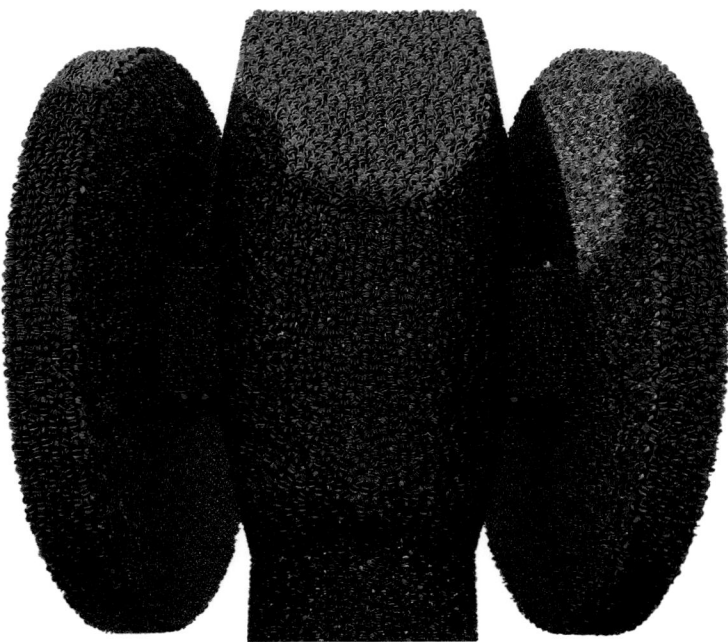

La escultura de Valdés está formada por 22.000 pequeñas cabezas ibéricas de gres cerámico

Palacio De Congresos

La capital del Turia es una de las plazas preferidas en España para celebrar ferias, congresos y convenciones. Sólo en el ámbito de la producción industrial y agraria y de la actividad comercial el recinto de Feria Valencia, situado cerca del edificio de Norman Foster, ofrece al año medio centenar de certámenes que acogen a millón y medio de profesionales y alrededor de 12.000 empresas. También la enumeración de congresos científicos, culturales y políticos que eligen la ciudad como sede es muy extensa e interesante. El Ayuntamiento ha intentado atender esas demandas y expectativas impulsando esta nueva infraestructura digna del siglo XXI.

El palacio congresual, gestionado por la administración local, fue pensado por el británico Foster como motor del crecimiento que Valencia necesitaba en su zona norte y también como muestra de lo que es su genio arquitectónico aplicado a las necesidades de la cultura mediterránea. El edificio de imagen notoriamente horizontal se levanta ligeramente en su fachada para recoger toda la luz y el calor que ofrece la ciudad. Al interés y modernidad de sus salones y auditorios interiores hay que añadir el atractivo de los siete mil metros cuadrados exteriores, con estanque de agua, impresionante rosaleda, fuentes y extenso arbolado.

La horizontalidad del Palacio de Congresos contrasta notablemente con la gran altura de los nuevos edificios y hoteles que pueblan la avenida atraídos por la presencia de la obra de Foster. El pintor y escultor valenciano Manuel Valdés, residente en Nueva York, ha incrementado el valor cultural de la zona al levantar una dama ibérica de 20 metros de altura en una rotonda, que en un futuro dará entrada al nuevo estadio del equipo valencianista Valencia CF.

Ciudad de las Artes
y las Ciencias

Este impresionante complejo urbano y de ocio que impulsa la Generalitat Valenciana desde comienzo de los años noventa pretende situar a Valencia en la selección europea de ciudades dispuestas a acelerar el tren de la modernidad. Cuando la intervención arquitectónica tomó forma y dimensión administrativa, Valencia se había quedado fuera del gran triángulo estratégico generado en el 92 entre Barcelona, Sevilla y Madrid con las Olimpiadas, Expo y Capital europea de la cultura. El gobierno Valenciano promovió la iniciativa Música 92 para completar su empeño de formar parte de las celebraciones de proyección internacional, y al mismo tiempo dio carta blanca a Calatrava para emprender la nueva ciudad.

Aunque la Ciudad de las Artes y las Ciencias ha contado con la colaboración limitada de otros arquitectos, la autoría de la concepción global del proyecto y su realización corresponde al valenciano Santiago Calatrava, que aquí ha querido dejar claras las grandes apuestas de las ciudades del futuro: la ciencia, la cultura y el ocio vividos en un entorno marcado por el agua y la vegetación.

Por orden de fecha de inauguración hay que iniciar la enumeración de edificios con el Hemisfèric, que se abrió en 1998. Imita a un ojo humano de grandes dimensiones, que mira cómo un estanque de 24.000 metros cuadrados le devuelve su imagen reflejada. Bajo su pupila semiesférica se encuentra la sala de proyecciones de cine IMAX. Los párpados y pestañas, gracias a un inteligente trabajo de ingeniería, se mueven cerrándose o desplegándose.

El Museo de las Ciencias Príncipe Felipe consta de 42.000 metros cuadrados distribuidos en cinco plantas ocupadas por numerosas exposiciones de contenido científico de carácter temporal y fijo. Grandes arcos que alcanzan hasta los 40 metros de altura dan a este edificio el aspecto de esqueleto de un impresionante diplodoco dispuesto a albergar en sus entrañas los juegos didácticos más sugerentes para acercar la ciencia a pequeños y mayores. También el agua que le rodea le permite verse reflejado sobre la superficie del estanque.

La tercera unidad del complejo de ocio es el Oceanográfico, auténtica ciudad submarina creada por el arquitecto Félix Candela. Está poblada por 45.000 ejemplares animales, que viven entre 42 millones de litros de agua. Este acuario grandioso, el mayor de Europa, se estructura en diez grandes zonas que recorren los diversos ecosistemas marinos del mundo. Constituye el espacio más visitado de la Ciudad. Las acrobacias de los delfines para recibir a los nuevos visitantes provocan auténticas pasiones, al igual que el auditorio cuyo telón de fondo es el gran acuario del Mar Rojo.

El Umbracle representa el pórtico de entrada al complejo construido sobre los aparcamientos. Esta zona verde de 7.000 metros cuadrados alberga un paseo de esculturas con aportaciones de Yoko Ono y el Valenciano Miquel Navarro, entre otros.

Todo en el Palau de les Arts Reina Sofía es grandioso. Situado en el vértice inicial del complejo de ocio, ejerce de proa de nave encallada en dique seco o probablemente de gigantesco casco troyano. En los diseños de Calatrava parece que primero son las formas esenciales, la percepción escultural y luego el desarrollo técnico.

Este auditorio inaugurado en octubre de 2005 está destinado a la ópera, música sinfónica y ballet. Tiene capacidad para albergar al mismo tiempo a 4.000 espectadores distribuidos entre la sala principal, auditorio superior, aula magistral y teatro de cámara. Protegido bajo una gran cascada metálica, revestida de trencadís blanco, dispone de plataformas en voladizo con paseos y ornamentación vegetal y de grandes salas acristaladas para disfrutar del entorno exterior.

En construcción se encuentra el sexto edificio del complejo, el Ágora, edificio multiusos de 70 metros de altura dedicado a congresos, actos protocolarios y exposiciones. Un edificio con vértebras como acostumbra Calatrava al que pondrá alas mediante dos cubiertas laterales y móviles. Pretende ser un homenaje de la nueva Valencia al vuelo de la paloma blanca, símbolo de la paz.

valencia marinera

La ciudad parece haber descubierto el mar en los últimos años, cuando en realidad el Mediterráneo ya llevaba descubierto muchos milenios por los habitantes de estas latitudes a través de la pesca, el comercio y la expansión territorial. El hecho es que ahora se puede elegir un buen hotel en el litoral de la urbe o elegir un sugerente restaurante. Antes la estancia era transitoria, de paso, de unas horas. El vecino del centro se asomaba al mar para gozar de un día de playa y comer una paella familiar.

El nuevo Paseo Marítimo, los amplios aparcamientos de la playa, la remodelación de los restaurantes tradicionales, la transformación del antiguo balneario de Las Arenas en complejo hotelero, la profunda remodelación de la dársena interior portuaria, la llegada del metro y del tranvía, son algunas de las grandes mejoras que han unido definitivamente los poblados marítimos a la ciudad cosmopolita.

La actividad portuaria y la pesca estuvieron en el origen de esta parte de la ciudad. En el pueblo del Grao, que dispuso incluso de fortificación, se construían y reparaban naves, se controlaba la actividad comercial. En el barrio del Cabañal, con un trazado de largas calles paralelas a la línea de playa, los gremios de pescadores crearon una vida popular y extrovertida muy diferente al estilo más convencional y conservador del centro histórico de Valencia.

El botánico Cavanilles escribía con el lenguaje del siglo XVIII sus observaciones de la zona: "La playa del Grao es toda de arenas en cuesta muy suave. Allí acuden los de la capital á bañarse, cuyo prodigioso concurso aviva aquel recinto, ya de suyo interesante por el movimiento de las aguas y los buques que se descubren. Los años pasados iban y volvían comúnmente en el mismo día… Ya muchos convidados de la frescura y amenidad del sitio, suelen permanecer algunos dias alojados por lo general en las chozas de los pescadores".

PLAYA DE LA MALVARROSA

Este nombre recibe la playa situada al norte del puerto. Corresponde al de una planta de la que se extraían esencias utilizadas en perfumería. Es un espacio muy vinculado a la tradición literaria del escritor y dirigente político Vicente Blasco Ibáñez y del pintor postimpresionista Joaquín Sorolla, porque a principios del XIX, siguiendo las costumbres de la burguesía local que veraneaba en la playa, vivieron deliciosas horas de creación en este luminoso horizonte. Blasco desde el gran balcón de su chalet, transformado hoy en su casa museo, sentado ante una mesa de mármol y flanqueado por dos cariátides, mirando al mar, daba rienda suelta a sus fabulaciones literarias.

La amplia franja de arena muy limpia, con más de 35 metros totalmente disponibles, y la comodidad del paseo marítimo, de considerable longitud, permite gozar de horas interminables de sol y de buena brisa nocturna en las estaciones más sugerentes del año. El primer sol de la mañana nace por la línea del horizonte situada sobre las aguas, dispuesto a calentar y tostar la piel. Las pinturas marineras de Sorolla, inspiradas en esta playa, transmiten perfectamente el calor y el color del entorno litoral de Valencia.

La playa de la Malvarrosa forma parte de los Poblados Marítimos integrados por los barrios de Nazaret (al sur del puerto), Cabanyal, Canyamelar (en recuerdo de la caña de azúcar) y Malvarrosa. Un paseo por la largas y rectas calles del Cabanyal permite introducirse en una arquitectura popular, que mezcla la cerámica de vivos colores con artística carpintería de puertas y ventanas y trabajos de forja de notable calidad.

Escultura de agua en el Paseo Marítimo de La Malvarrosa

El balneario de Las Arenas, transformado hoy en lujoso y amplio complejo hotelero, surgió a imitación de los baños de ola abiertos en la Costa Azul francesa con espacios reservados para que las mujeres tomaran el sol sin ser observadas. Otra instalación antigua, las termas Casablanca, es ahora una concurrida discoteca para fiestas y celebraciones diversas. El paseo de Neptuno constituye la arteria gastronómica de la zona, para poder elegir entre numerosos restaurantes donde comer la deseada paella y el excelente pescado y sabroso marisco de Valencia. Los barrios de la zona respiran un ambiente muy popular, reflejado también en la ornamentación colorista de las fachadas para diferenciar unas viviendas de otras.

❦ *Viviendas de planta baja y un piso es el habitat tradicional de los Poblados Marítimos*

La arquitectura popular imita ciertos preceptos estéticos del modernismo

◆ *En la Valencia marítima abunda la buena gastronomía*

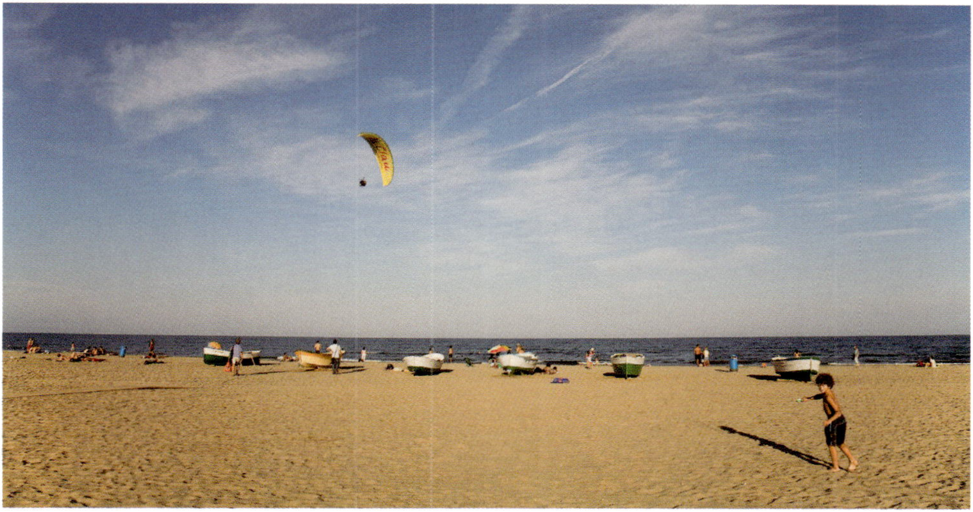

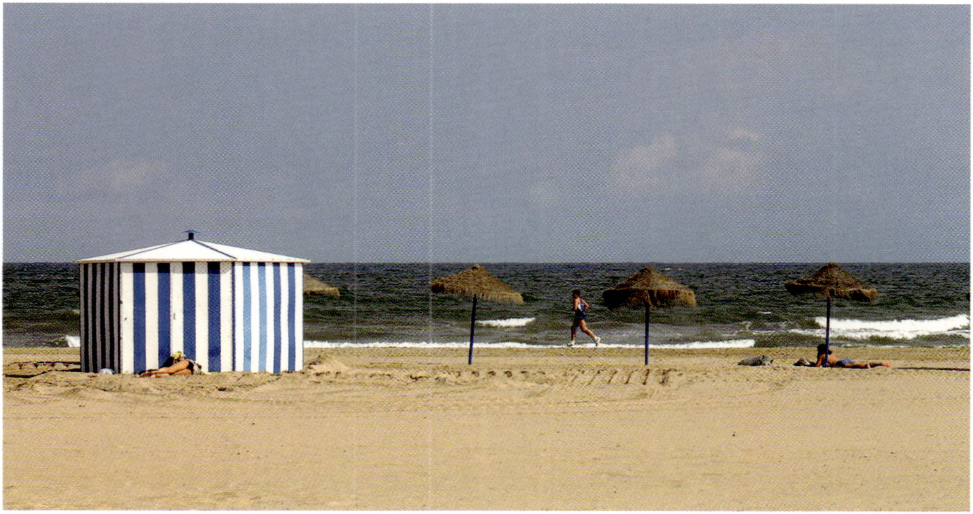

● *Juegos sobre la arena de la playa, donde reposan las barcas de los pescadores*

EL PUERTO

El edificio del Reloj tiene la virtualidad de ejercer el papel de torre vigía del puerto, que no sólo marca la hora de la actividad sino también la referencia visual más conocida para identificar el viejo puerto valenciano que en 1676 proyectó el maestro Tomás Güelda. Miles de viajeros han llegado o salido de la ciudad fijando en su memoria la hora del reloj.

Este edificio con aires de pabellón francés tiene a sus espaldas, rodeadas por los edificios modernos de los soportales portuarios, las viejas Atarazanas, ejemplo espléndido de gótico civil, dedicadas en la actualidad a espacio de exposiciones de arte. En su interior se construyeron numerosas naves comerciales.

La dársena interior del puerto está ocupada por unas rehabilitadas naves de almacenaje de mercancías construidas en 1910 de acuerdo a las pautas del modernismo aplicadas a la presencia de coloristas mosaicos y al uso de materiales industriales. También el testimonio de alguna de las viejas grúas evoca los esfuerzos que debían aplicarse a la carga de las bodegas de los barcos. El arquitecto modernista Demetrio Ribes construyó unos docks comerciales y Enrique Viedma en 1930 el edificio de Aduanas, situados a la izquierda del edificio del Reloj mirando las aguas portuarias.

Estos son los testimonios arquitectónicos del pasado de la ciudad, que la Copa del América 2007 ha puesto en valor para integrarlos a una nueva función, la de participar en el evento de deporte náutico más importante del mundo y luego formar parte de la vida comercial, social y turística de la nueva marina que se quiere crear en toda la superficie de la dársena interior cuando acaben las competiciones. De ese modo si el reloj de la torre marcaba antes la hora del viaje, en los años próximos señalará el tiempo de los visitantes con vocación de aves nocturnas dispuestos a gozar del complejo hostelero y de ocio.

En primer lugar los tinglados comerciales de estilo modernista del puerto, y al fondo el edificio del Reloj, antigua estación marítima donde se compraban los billetes. Ahora es un edificio para actos protocolarios y exposiciones

COPA DEL América 2007

El sueño colectivo de la Valencia del siglo XXI se alimenta, entre otras razones, de la elección del puerto y sus aguas mediterráneas como sede de la competición náutica 32ª America's Cup 2007, la fórmula 1 de los veleros internacionales. Este evento deportivo, el más antiguo del mundo, que vuelve a celebrarse en una ciudad europea después de 152 años de hegemonía anglosajona, representa una promoción mediática incuestionable entre millones de ciudadanos del mundo, equivalente a la difusión de unos Juegos Olímpicos.

En el sueño colectivo de la nueva ciudad se representa el abrazo definitivo del centro urbano con su frente litoral. La profunda transformación que está experimentando el puerto ha permitido diseñar una nueva marina conectada a su dársena interior, la más antigua del puerto, para que los veleros puedan acceder directamente al mar por un canal de 600 metros. Las naves de diseño vanguardista donde se encuentran las bases de los equipos, el edificio de invitados con terrazas para contemplar la competición a distancia, el nuevo centro de prensa internacional, la creación de 600 nuevos amarres son algunas de las actuaciones más destacadas desde el punto de vista urbanístico.

En la parte sur del puerto, junto a la nueva desembocadura del Turia, se encuentran las instalaciones del Real Club Náutico de Valencia, fundado en 1903. Dispone de 400.000 metros cuadrados, donde sus pantalanes albergan las mejores flotas de crucero de la Comunidad Valenciana.

Valencia compitió con otras 56 ciudades candidatas para ser sede de esta competición. Su actual dinamismo unido al clima decantaron el fiel de la balanza a su favor. Una media anual de 17 grados, sol todo el año y la volubilidad de su rosa de los vientos marcan la singularidad valenciana. Siempre hay viento en el mar. Comienza como poniente o terral al amanecer, rola por el norte y el este durante la mañana, y en la tarde se sitúa en el sureste o garbí.

A partir de 2008 el puerto de Valencia también va a ser sede de un Gran Premio de Europa de Formula 1, construyendo un circuito urbano de más de 5 kilómetros por la nueva marina naútica y alrededores

El edificio de invitados, bautizado con el nombre de Veles e Vents (velas y vientos), ha sido construido por el prestigioso arquitecto británico David Chipperfield en un tiempo record. Este nombre es un homenaje al poeta medieval valenciano Ausìas March y al cantante también valenciano Raimon, que puso música a sus poemas. Las amplias y largas terrazas blancas ofrecen un monumental palco de clase preferente para seguir las evoluciones de los veleros en el campo de regatas.

valencia en fiestas

La pasión por el fuego se expresa en las fiestas valencianas con enorme inten-
sidad, prácticamente con la misma voracidad que se tiene por su manifesta-
ción más próxima: la pólvora. Con el calor de las hogueras se recibe el nuevo
año para liberar los malos espíritus el día de San Antonio Abad, con fuego y
pólvora se consuma el ritual de las Fallas, con el estruendo de la pólvora los
Moros pierden en fiestas frente a los Cristianos y con hogueras en la playa se
recibe la festividad de San Juan.

La fiesta constituye para los valencianos un escenario popular, extrover-
tido y callejero, donde mostrar el traje regional, el disfraz, el atuendo tradicional, para ser observados y admirados en los pasacalles, porque la fiesta
es un espacio de encuentro con los vecinos y los visitantes donde cada uno
no muestra lo que es sino cómo desearía ser y lo que desearía tener. En esta
puesta en escena nunca falta la música de banda interpretando pasodobles y
otras piezas de ecos populares. La fiesta, así entendida, remite a un espacio
de recreación y fabulación de la realidad cotidiana.

Otro factor del patrimonio festivo es el componente de religiosidad.
Los festejos que lo poseen ponen el acento estético en la vistosidad de
la liturgia, en el conocimiento del rito que permite disfrutar de lo lejano
a través de lo más cercano, de lo celestial por medio de lo terrenal, y
transforman la representación religiosa en una escenificación teatral con
personajes, disfraces y carrozas.

Valencia en fiestas es otra manera bastante entusiasta de poder conocer
la ciudad y sus habitantes. Porque el arraigo de estas tradiciones no procede de un decreto o de una ordenanza municipal sino, todo lo contrario,
de la voluntad y el empeño de los vecinos expresados en la permanente
renovación de sus ritos festivos.

CORPUS CHRISTI

La procesión del Corpus conserva una de las tradiciones más arraigadas de la ciudad, porque congregaba tiempo atrás a los diferentes gremios artesanos junto a las autoridades civiles y eclesiásticas. El poder y el pueblo compartían además su admiración por los desfiles de personajes alegóricos del Antiguo y Nuevo Testamento entre danzas de gigantes y cabezudos, en la más pura tradición mediterránea.

Antes de la procesión vespertina creada en 1355 pasan las Rocas, carros triunfales de origen barroco que sirven de escenarios móviles para representar escenas bíblicas dedicadas al rey Herodes, Adán y Eva y San Cristóbal. La custodia cierra la procesión vespertina, seguida por la solemne música de una compañía de granaderos.

Pero antes, los gigantes y cabezudos han realizado sus lentos movimientos. Le siguen las águilas, los portadores de los grandes cirios (*cirialots*), los reyes de armas con estandartes de la ciudad, los personajes bíblicos más famosos de las Sagradas Escrituras.

Una de las representaciones más inquietante de esta tradición eucarística corresponde a la moma, hombre vestido completamente de blanco con falda y antifaz que representa la virtud, al que rodean otros hombres con antifaz negro, trajes de colores y bastón de madera que encarnan los pecados capitales.

El cortejo sale de la Catedral, y por las calles más tradicionales y estrechas del centro histórico realiza un recorrido, que se inunda de sugestivos aromas de flores, cera, incienso y murta. La víspera de la festividad desfila la cabalgata de La Degollà alusiva a la degollación de los niños inocentes en Jerusalén por orden de Herodes. Sus comparsas constituyen una muestra del interés de la Iglesia por incorporar a esta tradición aportaciones populares que acercaran el mensaje bíblico mediante su teatralización. Los desfilantes provocan al público y éste les lanza agua.

◆ *Los huertanos también participan en el preámbulo del cortejo eucarístico*

♦ *La moma, vestida de blanco, es uno de los personajes más inquietantes de la tradición popular*

semana santa marinera

La cultura valenciana no es muy dada a celebrar los aspectos más trascendentes de la existencia. El más allá, si existe, se descubre desde el más acá. El reto más urgente es vivir al día, y no preparar el futuro o anclarse en el pasado. El afán de juego, el gusto por la fugacidad, la afición por el disfraz y el ruido constituyen signos diferenciadores del espíritu festivo de esta población. Por esa razón la Semana Santa que organizan y celebran solamente los barrios marítimos para toda la ciudad, acentúan los aspectos más barrocos de la liturgia religiosa y la faceta más teatral de la Pasión y Resurrección de Cristo.

Las 28 cofradías y hermandades de la Junta Mayor son los auténticos protagonistas de esta celebración, que se desarrolla por las largas y estrechas calles, paralelas al mar, del Cabañal y Canyamelar donde se sitúan las cuatro parroquias (Nuestra Señora de los Ángeles, Cristo Redentor, Nuestra Señora del Rosario y Santa María del Mar) que apoyan y renuevan esta tradición.

Uno de los días señalado es el jueves santo. Por la tarde se realiza la visita colectiva a los monumentos, y las procesiones del Encuentro, la de las Antorchas con la corporación de pretorianos y penitentes, y la del Silencio. El viernes santo sale el Cristo patrón del Cabañal a primera hora de la mañana para realizar una comitiva por la misma arena de la playa con los primeros rayos del sol. Poco después se produce el encuentro de los diferentes Cristos. Son varias cofradías las que se acercan hasta la orilla del mar para rezar por la paz del mundo. Por la tarde durante cerca de seis horas las cofradías acompañan de riguroso luto el Entierro. El júbilo de la Resurrección el domingo de Pascua transforma el luto en colores y los nazarenos encapuchados en personajes bíblicos, con especial notoriedad de las mujeres de la Biblia y de las vírgenes encarnadas por niñas jóvenes.

Las Fallas

La fiesta fallera que nació para homenajear la llegada de la primavera mediante la quema de todo lo viejo se ha convertido en la actualidad en una fiesta monumental, todo en ella tiene grandes dimensiones, paraliza el tráfico de la ciudad durante unos días y acoge miles de visitantes dispuestos a experimentar las sensaciones más intensas. La fiesta se vive en la calle, a cielo raso bajo las estrellas o en la plaza bajo el sol intenso, entre continuos apretujones de miles de gentes.

Las Fallas, cuyo programa oficial comienza el 1 de marzo y finaliza el 19, son como invocaciones a la presencia del Sol todopoderoso para que su calor y su luz hagan fertilizar los productos de la tierra. Este fuego está poblado de figuras, a modo de árboles, que se benefician de ese calor para transformarse en algo nuevo. Este ritual es una victoria sobre la muerte y la afirmación de la nueva vida que produce en la naturaleza el calor primaveral.

El monumento llamado falla siempre tiene una historia que contar, repartida en escenas, escrita en carteles explicativos y también en el llibret, catálogo escrito de los contenidos de la falla. Es como un sainete sin acción, como una dramatización estática en la que sólo se mueve la historia y no los personajes. Los temas elegidos guardan fidelidad a la tradición de los sátiros, divinidades campestres del séquito del dios Dionisos, que ensalzaban el erotismo en sus versos. Junto a esa línea de humor grueso, los falleros se emplean a fondo en criticar la ciudad, el barrio, la vida política, las costumbres sociales. En realidad ejercen durante unos días la libre crítica para luego, tras el fuego redentor, aceptar de mejor grado el orden establecido.

*Ofrenda de flores
a la Virgen de los
Desamparados*

☞ *La plaza del Ayuntamiento a mediodía acoge la gran mascletá*

Ésta es una fiesta marcadamente participativa porque el presupuesto para construir el monumento y el programa de actos procede de las aportaciones voluntarias del vecindario, excepto la falla de la plaza del Ayuntamiento que se financia con el presupuesto municipal. Las comisiones falleras, de las que sólo en la ciudad existen alrededor de cuatrocientas, movilizan millares de personas que se visten con los trajes regionales y desfilan en pasacalles con música de banda. Es por tanto no sólo participativa para el visitante sino de manera muy especial para los vecinos que practican todo el año el asociacionismo festivo. Cada comisión tiene sus falleras mayores, presidente, tesorero y otros responsables de la compleja organización del festejo.

Los monumentos, cuyo destino final es desaparecer con el fuego, son el resultado del trabajo de todo el año. El gremio de artistas falleros constituye la mano de obra permanente de una actividad artesanal que se ha convertido en una industria que garantiza empleo a muchas personas. También la pirotecnia es una de las tradiciones artesanas con mayor arraigo en esta tierra. En estos días falleros luce su rostro más espectacular. Hasta el siglo XIV se la denominó fuego griego, lo que no admite dudas sobre su origen. Poblaciones del área metropolitana de Valencia, como Bétera, Godella y Moncada cuentan con auténticas sagas familiares que han hecho de esta actividad un arte y una industria.

Otra de las actividades que genera puestos de trabajo corresponde a la confección del traje de fallera y fallero y a los vistosos aderezos que la mujer luce en la cabeza. Con evidentes reminiscencias de la dama ibérica encontrada en Elche, la valenciana reproduce en su cabeza dos tocados laterales y uno posterior con peinetas doradas.

Los artistas falleros guardan con cierto misterio el diseño y los detalles de sus monumentos hasta que la noche del 15 de marzo las fallas grandes, y un día antes las infantiles, se plantan en la calle. La mañana siguiente son visitadas por un jurado que emite el veredicto de cuales son las mejores en las diferentes categorías que existen de acuerdo al presupuesto invertido en su construcción. En la sección especial se colocan las fallas más monumentales y de coste generoso.

La Ofrenda de flores a la Virgen de los Desamparados ocupa dos tardes completas del programa de las fiestas de las Fallas

◆ *Los concursos de paellas, que se cocinan en plena calle, permiten improvisar comedores sobre la acera*

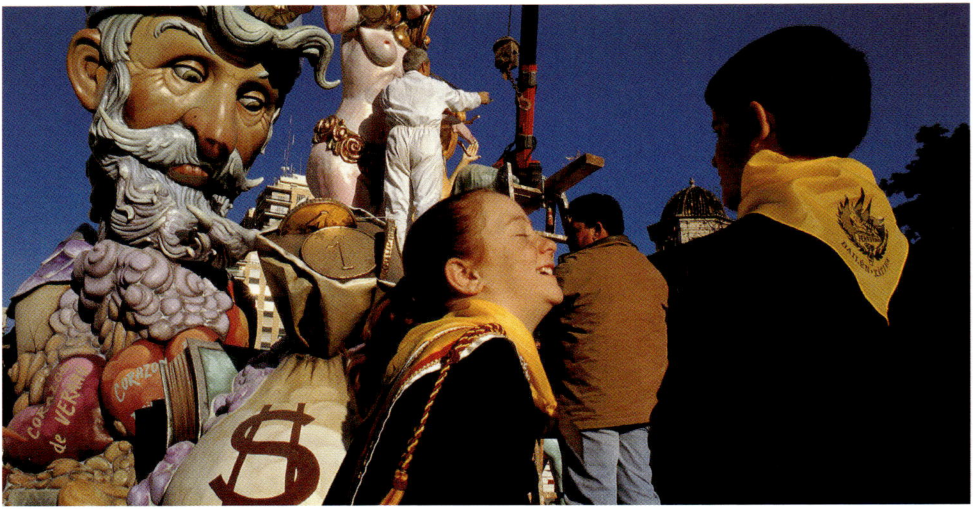

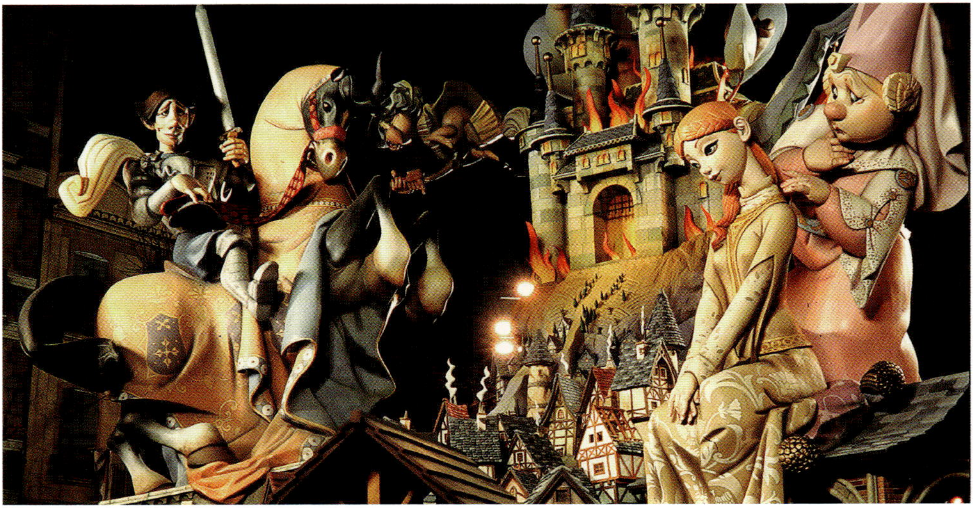

Días antes, en la exposición del ninot, por votación popular se ha elegido la escultura individual o el grupo escultórico que será indultado ese año del fuego y pasará a engrosar el fondo de figuras del Museo Fallero por su interés artístico.

Entre el 16 y el 19 de marzo, día de San José, numerosas calles de la ciudad quedan cerradas al tráfico por la instalación de los monumentos falleros y las carpas donde la comisión realiza los actos de carácter interno. Adornos luminosos cubren la calzada con bóvedas sorprendentes. El día arranca con la despertá, episodio en el que los falleros despiertan al vecindario con ruido de petardos y música. Luego se suceden numerosos pasacalles, y la recogida de premios. Al mediodía, entre la una y las dos, se dispara la mascletá, un espectáculo de mucho estruendo que levanta pasiones. En la triangular plaza del Ayuntamiento este disparo comienza el 1 de marzo. Miles de personas acuden a esa hora andando a la principal plaza de la ciudad para temblar con la pólvora. Dura unos seis minutos, y cuenta con varias limitaciones marcadas por los responsables de la fiesta: está prohibido que se supere los 115 decibelios de agresión acústica y que se queme más de 120 kilos de pólvora.

De día y de noche se hacen comidas populares en el casal fallero, el local social de cada comisión, y en especial paellas en fuegos encendidos en la misma calle. Por la tarde del 17 y 18 se realiza la ofrenda de flores a la Virgen de los Desamparados y se participa en verbenas y concursos, para concluir el día con los castillos de fuegos artificiales. La Nit del Foc es la gran cita nocturna del día 18 en el viejo cauce del Turia para contemplar un castillo de fuegos artificiales que ilumina artificialmente la ciudad con monumentales palmeras de colores. Bailes y conciertos animan los barrios con un ruido que no deja dormir hasta bien entrada la madrugada.

Y llega el final de la fiesta, la cremá, en la medianoche del día 19. La combustión del monumento fallero entre carcasas y tracas multicolores de pólvora elimina todo rastro de la fiesta. En pocas horas, con la colaboración del servicio de limpieza urbana y bomberos, no quedan huellas de estas jornadas de extroversión. Una vez más el destino de todo el esfuerzo de un año se ha cumplido, para que lo viejo dé paso a lo nuevo que todavía está por nacer.

una ciudad mediterránea

Los colonos romanos fundaron Valentia en una pequeña isla rodeada por un brazo del río Turia en el año 138 a.C. Situada en el trazado de la ruta comercial y militar de la Vía Augusta, que unía Roma, la capital imperial, con Cádiz, este enclave urbano ofreció a sus nuevos ocupantes una tierra fértil y de fácil expansión, por su proximidad al mar Mediterráneo, abundante agua natural, posibilidad de conectar con las rutas meridional e interior de la península y amplio territorio litoral para ser ocupado, cercano además al importante núcleo urbano, romano también, de Saguntum.

La influencia de la romanización resultó decisiva en el nacimiento de la urbe, hasta que llegó la decadencia y las invasiones germánicas agudizaron ese deterioro imperial. Tras el episodio de los visigodos, que alguna huella dejaron en la ciudad, Valencia abre una larga e intensa etapa con los árabes, que inician la ocupación pacífica de su territorio hacia el 718 y no lo abandonan hasta 1238, año de la conquista de Valencia por los cristianos. No quedan importantes vestigios monumentales del Islam, pero esa tradición sí que se conserva en el sistema de riegos y cultivos agrícolas, en la gastronomía, en la manera de vivir y pensar, en el trazado urbano, en la toponimia.

La plaza del Carmen oculta restos de la muralla árabe

La ciudad árabe mantuvo un ambiente tolerante con los cristianos y judíos a los que no se prohibió que conservaran su lengua y religión propias. La expansión marcada por el notable poder del Emirato de Córdoba hizo crecer a esta ciudad de las tres culturas. Con la creación de los reinos de taifas el poder árabe comenzó a fragmentarse y debilitarse. Valencia constituyó un objetivo apreciable para las nuevas incursiones de los cristianos castellanos, época en la que la ciudad vivió el doble episodio de ser conquistada en 1093 por el legendario caballero El Cid, que la eligió para recuperarse de su destierro de Castilla, y nueve años después Valencia volvió al dominio de los árabes almorávides.

Tras conquistar Mallorca, isla que se encuentra frente a la costa Valenciana, el rey aragonés Jaime I entró en Valencia el 9 de octubre de 1238 y convirtió a la ciudad en capital de un reino, integrado en la Corona de Aragón, con normas y parlamento autónomos. Este rey asentó de ese modo las bases políticas y sociales para que Valencia fuera tiempo después, en el siglo XV, la principal capital del Mediterráneo europeo, con una demografía y actividad económica muy importantes, una influencia política incuestionable y una destacada presencia en el desarrollo del arte y las letras. Este siglo de esplendor gótico ha dejado una huella impresionante en la ciudad, huella que el visitante descubre en numerosos escenarios urbanos que le evocarán postales de otras ciudades mediterráneas no muy lejanas, situadas en España e Italia.

Con el Renacimiento, el liderazgo europeo se traslada a tierras italianas, y Valencia entra en una regresión económica acentuada por movimientos sociales contrarios a los monarcas y nobles de la ciudad. Hasta finales del siglo XIX la ciudad del Turia no volverá a protagonizar una etapa de expansión y notoriedad social. Después de su época dorada medieval y de otra larga etapa histórica carente de empuje, este proceso cambió de signo gracias a la industrialización, la exportación de cítricos, el aprecio por la lengua propia y las tradiciones Valencianas, y la ambición de derribar la muralla para favorecer el crecimiento de la ciudad. El urbanismo actual, marcado en muchos casos por los gustos y materiales técnicos del Modernismo, procede de aquellos años.

El yacimiento de la Almoina reúne la identidad romana, visigoda y árabe de Valencia

10   *Grabado de A. Guesdon, Valencia a vista de pájaro, de 1850. Archivo Huguet-Colección L. Giménez Lorente*